ビジュアル

② 中世（鎌倉時代～戦国時代）

日本の住まいの歴史

監修 ◆ 小泉和子

著 ◆ 家具道具室内史学会

ゆまに書房

もくじ

日本の古代の支配者は貴族であり、その政治拠点は平城京・平安京など近畿地方にありました。一方、江戸時代ともよばれる近世は、徳川氏が将軍として江戸に幕府という政治拠点をおいていました。その間にはさまる、鎌倉時代、南北朝時代、室町時代、戦国時代という中世は、政治支配体制も変わり、政治の拠点も次つぎに移動してわかりにくい時代です。

古代の貴族にかわって、もともとはその従者であった武士が政治権力を握って鎌倉幕府をつくり、室町幕府が受け継いで、戦国時代へつながりました。一方で、古代以来の寺院を拠点とする仏教勢力、僧侶も各地で大きな力を持っていたのが中世という時代でした。また中世後半になると、農民だけではなく、商工業者を中心とする庶民も徐々に力を持ってきた時代でもありました。

そこで本巻では中世の住まいを、武士の住まい、僧侶の住まい、そしてそのほかの一般庶民の住まいの三つにわけて見ることにします。

政治的な支配関係で見るならば、古代の貴族を護衛する従者として武力を基に登場してきた武士が、地方を拠点に力を蓄え、鎌倉・南北朝や戦国の動乱を経て、近世という武士が社会をほぼ全面的に支配する体制をつくりあげる過程です。

一方で、古代以来の仏教勢力は、最初は国家の、そして貴族の宗教であったものが、武士からさらに一般庶民へと布教を拡大し、中央においても貴族に対抗する力を持つようになります。また鎌倉時代に中国から新たに導入された禅宗は、新興武士の精神的なバックボーンとして武士階級に浸透し、その中国趣味は武士の生活文化の基礎となり、結果として日本人の住まい方、つまり住様式に大きな影響を与えることになります。

さらに、中世を通じて農民を中心とする直接生産者、生産・流通を担った商工業者も力を持つようになり、特に商人の日本列島内にとどまらない活動によって蓄積した富は、政治を動かす大きな力を持つようになりました。

ここで取り上げる住まいで見るならば、地方の素朴な住まいに住んでいた武士に中央から下向した貴族は、古代以来の寝殿造に代表されるような王朝に由来する住まいの要素を持ち込みました。固有の住まいと住み方、すなわち住文化を持っていなかった武士は、寝殿造の住様式をその儀式・儀礼とともに積極

●**武士**（『男衾三郎絵詞』　模本　国立国会図書館デジタルコレクション）

●僧侶（『慕帰絵詞』　模本　国立国会図書館デジタルコレクション）

●庶民（『洛中洛外図屏風（歴博甲本）』重要文化財　国立歴史民俗博物館蔵）

的に採り入れたに違いありません。

　また武士は禅宗寺院の持つ中国文化にあこがれ、僧侶の導入した中国伝来の文化にもなじんでいきました。特に室町時代、中国宋との交易が盛んになるにつれ、唐物の移入、唐様の文化は浸透していきました。中世後半（15世紀〜16世紀）に成立した書院造は今となっては日本の伝統的な住様式ですが、当時はハイカラな中国趣味の住まいでした。

　武力を持った武士でもなく、宗教儀礼を行う僧侶でもなく、社会を支えていた生産・流通を担っていた一般の庶民も、中世後半には力を蓄え、民家とよばれるようにもなる独自の住まいの形を生み出し、やがては武士の住まいに影響を与えるようになりました。

　中世最後の戦国時代を終わりに導いた統一とは、織田信長、豊臣秀吉、徳川家康が武士階級内部の抗争に打ち勝ったということなのですが、そのことは武士階級が仏教勢力と商工業者を打ち破って完全に支配下に治めたということでもありました。

　農村に住むことを強制された農民や、街道や港に面した流通交通の場であった町人地にのみ拠点をおき、もっぱら武士階級の生活維持にその役割が限定された商工業者、そして城下町の中心部から排除され周辺部に寺社地としてまとまって住まわされた仏教勢力による近世城下町の空間構成は、中世という時代が最終的に実現した社会支配関係の見事な表現ということになります。

I 武士の住まい

1 武士の登場 ——村の住まい

主人　主屋　鷹　柵　犬　縁　生垣　一遍　主士　武士　溝　庭　櫓門　畑　板塀　武士　生垣　溝

●筑前国の武士の館（『一遍聖絵』　国宝　藤沢山清浄光寺（遊行寺）蔵）

中世の前提となる古代という時代は、近畿地方の大和に政治の中心があった飛鳥時代にはじまり、藤原京・平城京・平安京と都城が受け継がれた時代です（8世紀〜12世紀）。政治的にはこれらの都城に拠点をおいた貴族が支配階級でした。貴族は都城からほとんど出ないでくらしていたので、支配層の住まいは都城にほぼ限られていました。武士は、この貴族を守るために武力をもって仕えた従者がそのはじまりでした。やがて都を離れた各地の拠点に住まいをおくようになります。かれらは山野を切り開いて農地を開発する開発領主であり、またその土地を拠点にした在地領主ともよばれるようになりました。武士は地方に拠点をおいて周囲の土地を開発し、領有することによって、支配を広げて力をつけていったのです。

平安時代の地方武士がどのような生活をしていたのかは、断片的な記録しか残していないのでよくわかりませんが、鎌倉時代の地方の武士の生活は、絵巻物によく描かれています。かれらの生活を絵巻物からうかがってみましょう。

時宗の開祖である一遍は、各地をめぐって踊り念仏によって念仏を広めました。『一遍聖絵（一遍上人絵伝）』には各地の武士の館を訪れた様子が描かれています。筑前の武士の館の場面で、この時代の武士の館を少し詳しく見ていきましょう。

●館の外まわり

まず外まわりからです。正面橋がかかっている溝は小さく描かれていますが、屋敷正面を区切る堀であり、大きく館をめぐっていました。同時に堀を流れる水は周囲の畑をめぐる用水でもあり、農業経営者としての武士であったことも示しています。

前面板塀をめぐらせた館正面の櫓門は、もちろん外敵を見張る場であり、防御のためですが、この櫓を上げることであたり一帯に領主の館であることを誇示する意味があったと思われます。門をくぐって入ると大きな庭が

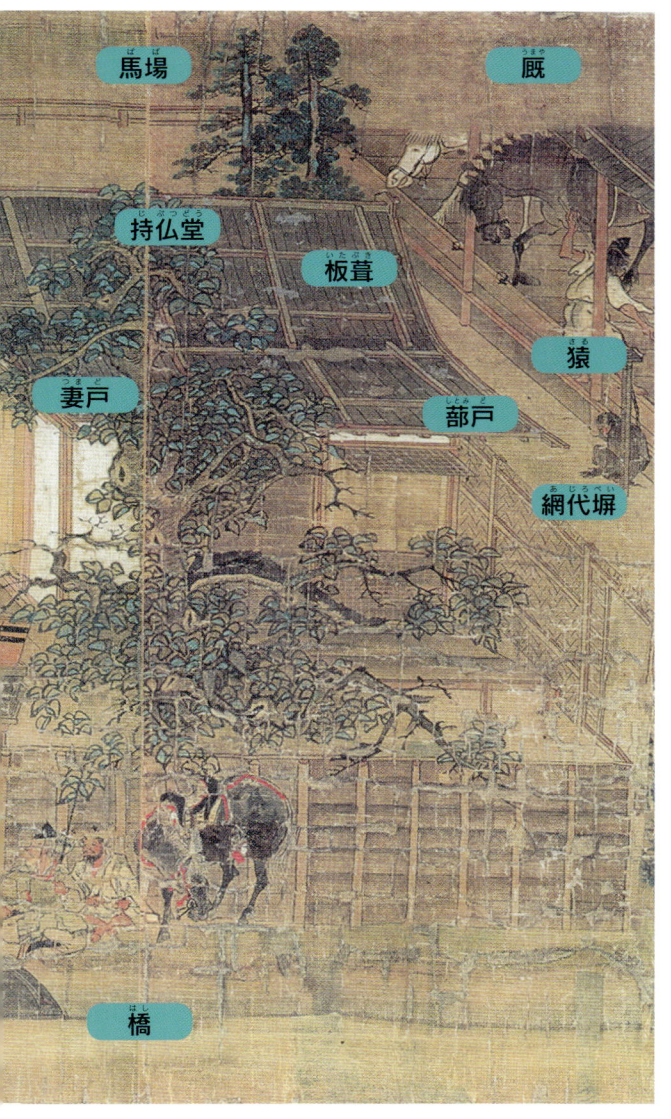

馬場
厩
持仏堂
板葺
妻戸
猿
蔀戸
網代塀
橋

あります。この場面では、主屋からあわてて裸足で下りてきた主人が一遍を迎えています。この庭は主屋前面にあって、来客と会うなど何か公的な行事を行う重要な場所であったことがわかります。

ここでは一遍が突然訪れたことになっているようです。そうでなければ、主屋内では酒宴が行われていたのであって、給仕をする女性と子ども、そして従者、さらに庭に侍る武士、門の警護の武士も平穏な日常を送っていたはずです。

あらためて館を見ると、庭に面して白壁の妻側正面に妻戸の板扉を開いた建物があります。これは信仰の厚い武士にとって最優先であった持仏堂ですが、この建物の背後に蔀戸の開かれた縁があって網代塀で囲われているので、持仏堂だけではない住まいの建物でもありました。

屋敷正面は頑丈な板塀ですが、脇の外側には生垣があり、内部の仕切りには網代塀もめぐっていて、屋敷内外はその使い方に応じて区切られていたこともわかります。

●館の主屋建物

主屋建物内は板敷で、一部に畳も敷かれています。主人は畳ではなく板の間の円座にす

わって酒を酌み交わしています。主屋周囲は建具がなく開かれた状態で描かれ、縁がめぐっています。主屋の屋根は見えませんが、持仏堂は板葺であり、檜皮葺やこけら葺のような格式の高い屋根ではありません。

主屋にはその家族が住んでいます。庭には従者の武士が控えていて、正面入り口脇にも警護の武士が並んでいます。かれらの住まいは屋敷内にあったと思われます。

屋敷の裏では板敷の厩に馬がつながれ、馬飼いが世話をしています。馬場脇の柵が見えて、背後には武士の日頃の鍛錬に必要な馬場が広がっていました。当時の厩には必ず描かれる猿がおり、同じくよく描かれる犬や鷹は狩りに必要でした。

もちろん絵画ですのでさまざまな要素が凝縮して描かれているのでしょう。現実にはかなり広い屋敷の一角に建物がまとまっており、周囲には堀や畑が広がっていました。馬場も広かったに違いありません。

●屋敷配置図

台所

② 地方武士の住まい ── 村の住まい

『一遍聖絵』の信濃国佐久郡（今の長野県）の武士、大井太郎の館は、一遍一行が踊り念仏を踊り、帰って行ったあとを大井太郎と姉が見送っている場面です。板葺の建物が大井太郎の家、茅葺の建物が姉の家だとすると一つの屋敷のなかに複数の家族が独立して住んでいたのかもしれません。大井太郎の板葺主屋の裏には台所の厨房の煙が見え、姉のこれも立派な茅葺棟の前面庇は竹柱で、草で葺いています。背後には板葺の付属屋が見えます。前面に流れる小川は屋敷境界を示しているので、広い庭が屋敷前面に広がっていたと考えられます。ここで一遍一行が踊り、しかも縁板がこわれているので縁の上まで踊りの輪が広がっていたのでしょう。祭礼などでは建物内部と庭は一体で使われていたこともわかります。

これらの武士の館は、屋根の葺き方や庇の形などあえて区別して描かれているようで、多様な建て方があったと想像されます。ただ全体として、田舎風ではないので、やはり京都など中央の寝殿造の住まいを地方に持ち込んでいたとも考えられます。

● **大井太郎の館**（『一遍聖絵』 模本　国立国会図書館デジタルコレクション）

山
主屋
小屋根
板葺
下屋
縁板
板葺棟
茅葺棟
妻戸
蔀戸
庭
小川
茅葺
草葺下屋
沓脱板
網代
竹柱

『法然上人絵伝』には法然の生家である美作の武士の家が描かれています。屋敷地のまわりは網代塀と生垣で囲われていて、その一角に門を開き、中には主屋前面に入り口である中門廊が見えます。屋敷内には武士の行動に絶対必要な馬をおいた厩が、一方には台所の建物があります。主屋建物の主屋は茅葺ですが、まわりの庇部分は板葺です。台所は簡素な茅葺、厩は板葺で、葺板の押さえに丸太がおかれている素朴なつくりです。厩が板敷であることは絵巻物によく描かれているので当時の一般的な形であったと思われます。主屋まわりの建具は寝殿造風の蔀戸と、引き違いの書院造風の舞良戸がはまっており、鎌倉時代には両者が併用されていることがわかります。主屋と中門廊には縁が続いてめぐっていて前面の広い庭に面しており、全体の雰囲気は平安貴族の寝殿造風の建物として描かれています。

●従者の侍たち

●主人夫婦（法然の両親）

茅葺

主屋

板葺

中門廊

厩

蔀戸

縁

舞良戸

網代塀

門

● 建物外まわりの建具

中世の絵巻物の家には、蔀戸という格子を板に張った水平軸で跳ね上げる建具と、舞良戸といって横桟の引き違い建具が描かれています。蔀戸は寝殿造の建具で、舞良戸は書院造の建具です。実際にはこの二つの建具が一つの建物に描かれています。つまり中世は寝殿造から書院造へと大きく住まいが変化していく過程ということになります。

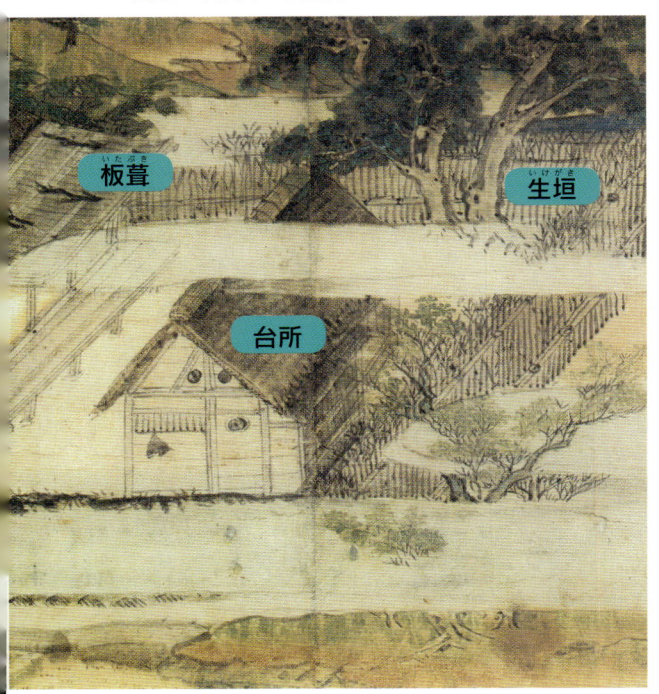

●**美作の武士の家・法然上人の生家**（『法然上人絵伝』
国宝　華頂山知恩院蔵）

板葺　生垣　台所

コラム　**寝場所**

◆武士の寝場所
― 部屋で寝る・寝場所がない

『法然上人絵伝』では夜の場面なので中門廊で武士が、主人夫婦（法然の両親）が主屋の前室で寝ている。中を見せるため手前の部屋に寝ているが、実際に寝るのは北（裏）の部屋である。寝場所には必ず屏風を立てる。中門廊では従者の侍たちが甲冑を着たまま寝ている。当時、従者や下人には決まった寝場所がなく、縁先や軒下などで着の身着のまま寝ていた。

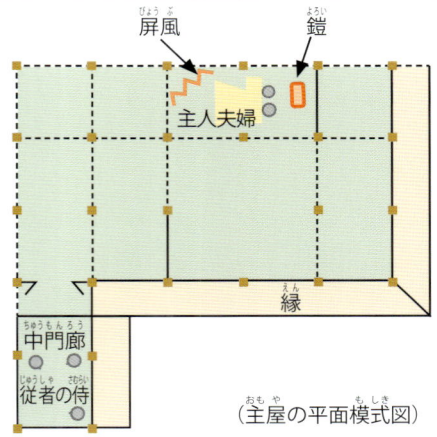

屏風　鎧
主人夫婦
縁
中門廊
従者の侍
（主屋の平面模式図）

●**軒下で眠る従者**（『法然上人絵伝』）

③ 武士支配の拠点 ── 平泉と鎌倉の武士の住まい

平泉

　平安時代後半の12世紀、いわゆる院政期には中央では武士である平氏が力を持ち、西日本を中心に勢力を広げ、博多を通じて日宋貿易で富をきずきました。安芸広島の厳島神社の華麗な水上伽藍はその平氏繁栄の遺産です。平清盛の時代には首都を平安京から福原に移し（福原遷都1180年）、武家平氏の政治拠点が成立したという観点から福原幕府と唱える人もいるくらいで、福原京跡地では当時の武家住居跡も発掘で確認されています。

　このような西への発展に対して、東国でこの時代に武家の政治拠点としてはっきりと姿を現したのは東北の地、奥州藤原氏による平泉でした。現存の中尊寺金色堂（1124年建立）が藤原氏の栄華を伝える金箔で覆われたお堂としてよく知られていますが、藤原清衡、基衡、秀衡の三代によって、ほぼ12世紀に建てられていた寺院、柳之御所とよばれる御殿の建物などは、源頼朝に攻められ戦火によってほぼ失われました。

● 柳之御所の中心建物で行われた儀式・儀礼
（提供：岩手県教育委員会）

北上川

衣川

白鳥館遺跡

中尊寺　金鶏山▲　柳之御所遺跡

骨寺村荘園遺跡

毛越寺　　　無量光院跡

観自在王院跡

● 平泉の遺跡配置

●中尊寺金色堂（提供：関山中尊寺）

●毛越寺の庭園（提供：医王山毛越寺）

　初代藤原清衡（1056年〜1128年）の時代には中尊寺が中心であり、記録によればさまざまな建物で構成されていました。金色堂は奇跡的に残った建物です。二代基衡による毛越寺の浄土庭園は池の州浜が復元され、曲水の宴が行われたと想定できる遣り水も復元整備されています。三代秀衡の宇治平等院を模した無量光院の建物と庭園も整備されています。

　このように寺院が平泉のシンボルですが、これらの時代を通じて藤原氏の政庁として用いられた柳之御所の地が、これも発掘であきらかになっています。周辺の寺院が基壇の上の礎石建てであるのに対して、基壇のない掘立柱の構造であり、瓦なども発掘で確認できないので、板葺か茅葺で、素朴な様式の建物で構成されていたとみられます。

◆ 礎石と掘立て

日本の古代の建物は、礎石という石を据えてその上に柱を立てる礎石立てが正式の建物で、柱を直接地面に埋め込む掘建て柱は、簡素な建物に用いられました。

　柳之御所の中心建物周辺では、「かわらけ」とよばれる儀式に用いる土器が大量に出土しており、墨書のある木器などから藤原氏を中心とする武士の儀式・儀礼の様相がある程度推定されていますが、実際に貴族や従者がどこで日常生活を営んでいたのかはわかりません。ただ、二代基衡が当主の時期（1128年〜1157年）につくられた平泉を大きく貫通する街路が確認され、毛越寺脇の道には牛車の停まり場ではないかという建物も発掘されており、賑やかな日常生活があったことも想像できます。

　平泉は中心部の寺院や御所だけではなく、周辺で確認される北上川の港や、寺院の跡、骨寺村荘園遺跡とよばれている荘園遺跡など広い範囲にわたっており、藤原氏の拠点である平泉にはさまざまな物資が搬入され、かなり多くの人が集まって住んでいたことはあきらかです。全体として当時の日本列島における東の中心地であったことは間違いありません。

鎌　倉

　源頼朝の侵攻によって奥州藤原氏が滅亡すると、新しい武家の拠点は鎌倉に移ります。鎌倉幕府という最初の本格的な武家政権が鎌倉におかれました（1185年）。

　三方を山に囲われて一方が海に開いた要衝の地であった鎌倉には、その中心の鶴岡八幡宮からまっすぐ海にのびた若宮大路を軸と

する都市が展開したとみられています。鶴岡八幡宮周辺や若宮大路は昔の形態を残しており、建長寺や円覚寺などの主な寺院や神社もその位置を保っていますが、鎌倉幕府の滅亡後、幕府関係の施設は失われ、近世になると一帯は農村化し、さらに近代には市街地となったために、鎌倉の都市としての様相は失われ

●鎌倉（『朝日百科　日本の歴史別冊　歴史を読みなおす　6』より転載　朝日新聞社　1993年）

てしまいました。鎌倉時代をつうじて鎌倉幕府の位置も移動し、鎌倉幕府を構成する主要な御家人の屋敷がどこにあったのかもわからなくなってしまいました。

　ただ、近年の発掘と研究の積み重ねによって少しずつ鎌倉時代の様相があきらかになっています。特に遺跡としては最大の今小路西遺跡では、御家人の屋敷と考えられる武家屋敷の建物群が2軒分、そしてその門前の関連建物と思われる遺跡が確認されています。これら2軒の武家屋敷はいずれも全体はわかりませんが、より上層の御家人のものと考えられる屋敷では、白砂の庭や寝殿造風の建物が見つかっています。いずれの屋敷も形の異なる複数の建物で構成されており、寝殿造の伝統を引いているようです。これらの武家屋敷に連なって、門前と考えられる場所に異なった性格の建物が見られることからも、武家屋敷と一帯となった武家地を構成していたのではないかと想像できます。

　さらに興味深いのは、方形建物跡とよばれている竪穴建物が、周辺でかなりの数発見されています。この竪穴建物は発掘では炉跡などの生活の痕跡が見られないので、住居ではないらしいのですが、鎌倉の川沿いや街道、さらに周辺の物資集散の要所に分布しています。しかもその構造が、切石を敷き詰め、周囲の壁にも石を積み上げた立派なものから、土壁で構成される簡素なものまで多彩で、何回もつくり替えられた痕跡があるので、鎌倉の人びとの生活にとって重要な意味を持っていた建物であったと思われます。

　鎌倉には周辺部に都市防御のための切り通しが残り、和賀江嶋とよばれる港湾遺跡、そして発掘で多くの人骨が確認できる墓所などが確認されており、都市として、そして武士とそれを支える庶民の生活をうかがうことのできる遺跡がまだまだあります。

　これら今小路西遺跡の発掘データから想定した復元イラスト（16～17ページ）では、土塁で囲われた敷地のなかに複数の建物で構成された名のある御家人の武家屋敷があり、門前には商工業者の住まいもあり、また店舗なども建ち並んでいました。発掘では蔵と考えられる竪穴建物が確認されていて、このイラストでも工事中の様相を示しています。せまい鎌倉の地でありながらも武士を中心とする政治・流通の拠点であり、当時の東国の中心として平泉を受け継いだ都市でした。

● 鎌倉の遺跡配置

15

●今小路西遺跡の復元イラスト（復元：玉井哲雄・河野真知郎　画：歴史復元画家 中西立太）

④ 将軍邸の成立

室町幕府と花の御所

　足利氏が代々京都室町に幕府をおいたので室町時代とよばれますが、その室町に最初に邸宅を構え幕府としたのは三代将軍足利義満（在職1368～1394年）で、室町御所または花の御所ともよばれました。義満の花の御所は、幕府の公式行事の行われる殿舎は寝殿、侍廊、中門廊など寝殿造以来の建物が踏襲されていましたが、奥向きに小御所、泉殿、観音殿、さらに「会所」という建物が出現しました。会所とは本来「人びとが寄り合う場所」という意味で、寝殿造ではそのような場所や部屋であったものが、この室町時代

●足利義満の花の御所（『洛中洛外図屏風（歴博甲本）』　重要文化財　国立歴史民俗博物館蔵）

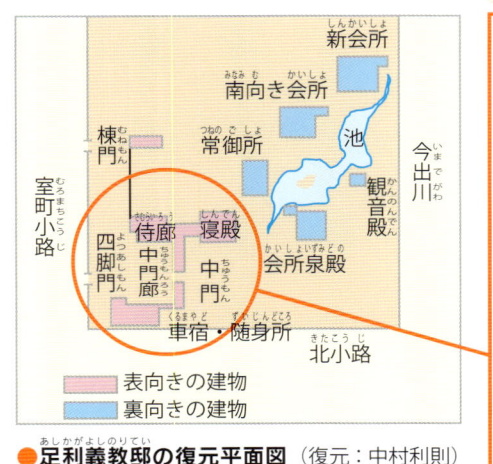

表向きの建物
裏向きの建物

●足利義教邸の復元平面図（復元：中村利則）

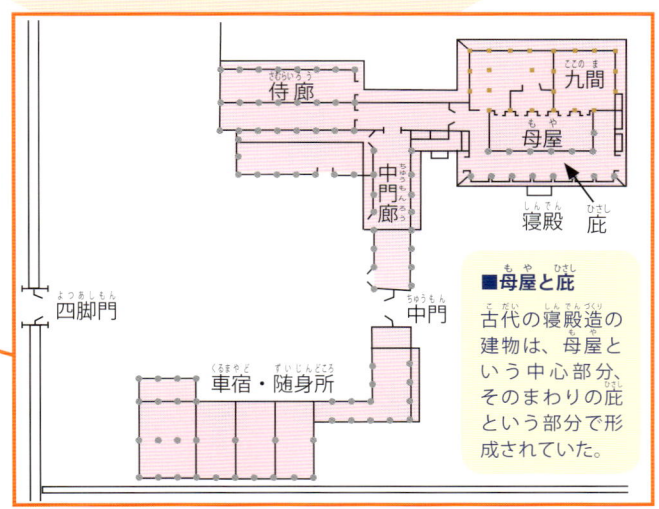

■母屋と庇
古代の寝殿造の建物は、母屋という中心部分、そのまわりの庇という部分で形成されていた。

18

の花の御所では独立した建物になりました。

　足利将軍は代が替わると、その邸宅は建て替えられました。四代将軍義教（在職1429〜1441年）の花の御所では屋敷南西部に寝殿、侍廊、中門廊など公的行事に用いられる寝殿造以来の建物群のほかに、常御所、対屋、会所泉殿、南向き会所、新会所があり、私的な遊興の場として用いられていたことがわかります。この足利義教の御所は絵図が残されていますが、寝殿の内部構成が興味深いものです。というのは建物のほぼ真ん中の東西の線で明確に南と北にわかれており、南半分は母屋と庇、丸柱に蔀戸という寝殿造の構成で、それに対して、北半分は角柱で九間などの小部屋にわかれています。つまり花の御所の建物は古代以来の儀式のできる寝殿造から、武士の使う部屋にわかれた書院造に転換していく過渡期の様相を示していると考えられます。

● 金閣

　足利義満が残した建物で金閣はよく知られています。義満が京都北山に造営した山荘が北山殿で、義満の死後に鹿苑寺となりました。ここにあった寝殿、会所、泉殿などは池や滝など庭園景観とともに失われましたが、舎利殿であった金閣のみが1950年に焼失するまで残っており、1955年に再建されました。庭園の池に面した三層の建物で、最上層が禅宗様仏殿で仏舎利を安置し、初層が池に広がる蔀戸の寝殿造風、二層が引き違いの遣戸を入れた書院造風です。金箔を貼った美しい外観で庭園の景観を高めるだけではなく、中に入って上層から園内をながめることもできる遊興の場でもありました。

● 金閣（提供：北山鹿苑寺）

● 最上層

● 二層

● 初層

東山殿と会所

室町幕府八代将軍足利義政（在職1449〜1473年）が東山に計画した山荘東山殿は、義政が1482年に引退してから工事をはじめましたが、1490年に亡くなるまでには完成しませんでした。現在は観音殿であった銀閣と持仏堂であった東求堂が残るだけですが、本来は常住施設である常御所を中心に、会所、持仏堂、観音殿、西指庵のほかにも多くの建物で構成された義政の隠居所として計画されました。足利義満の北山殿とちがい、寝殿などの公的儀式の施設は最初から計画されていないので、同じ山荘といってもかなりの変化があります。

●銀閣

現存する銀閣は観音殿とよばれており、二層ですが金閣とよく似ています。これも現存する東求堂は義政の持仏堂です。西北の四畳半は同仁斎とよばれ、北側に付書院と棚を備

● 銀閣（観音殿　東山慈照寺）

西指庵

常御所

会所

観音殿（銀閣）

東求堂

泉殿

● 東山殿の復元イラスト（復元：川上貢　画：歴史復元画家　中西立太）

えた書院造の最古の例とされ、義政の書斎であったとされています。

　この東山時代に御所や武士の住居などで普及するようになっていた会所という建物は公的な儀礼の場ではなく、私的な会合や社交に用いられました。建物の前に庭がつくられ、池水をめぐって持仏堂、泉殿などとともに遊興的な行事に用いられました。1487年に完成した東山殿会所は、記録から間取りの復元が試みられています。全体は六間（当時の一間は約2メートル）に七間のほぼ正方形で、九間という三間四方の部屋を中心に間仕切りで部屋が区切られ、床、棚、付書院がつく部屋もありました。これらの部屋が適宜、会合や茶の湯など社交の場として用いられました。

●東求堂（国宝　東山慈照寺）

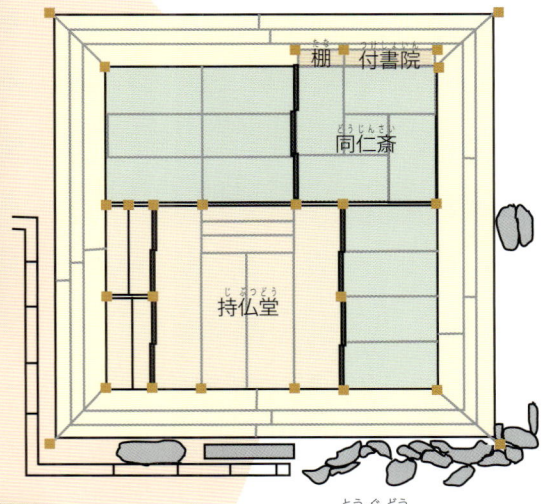

●東求堂の平面図

●同仁斎の付書院 （右）と棚（左）（『週刊朝日百科　日本の歴史16』より転載　朝日新聞社　1986年）

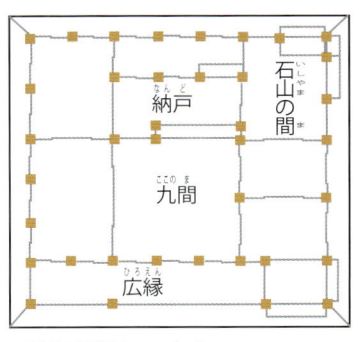

●東山殿会所の間取り

座敷飾りの成立

　近世初頭（17世紀はじめ）に完成する書院造の座敷飾りは付書院・床の間・違棚・帳台構、という四つの要素で構成されます。いずれもその起源は寝殿造にあり、直接的には東山時代の会所の中に求めることができます。付書院は、移動できる机が建物に固定されたもので、絵巻物に描かれた寺院の中に典型的に見られる出文机がその原形です。床の間の原形である押板は、本来は、寝殿造の中で、掛軸になった絵画を壁に掛けた前におか

● 『君台観左右帳記』に描かれた座敷の飾り方

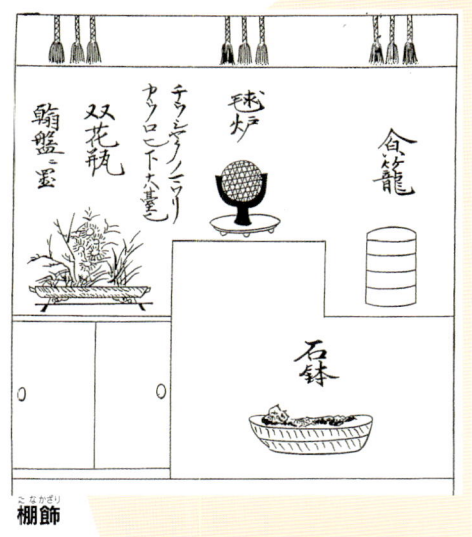

棚飾

床飾

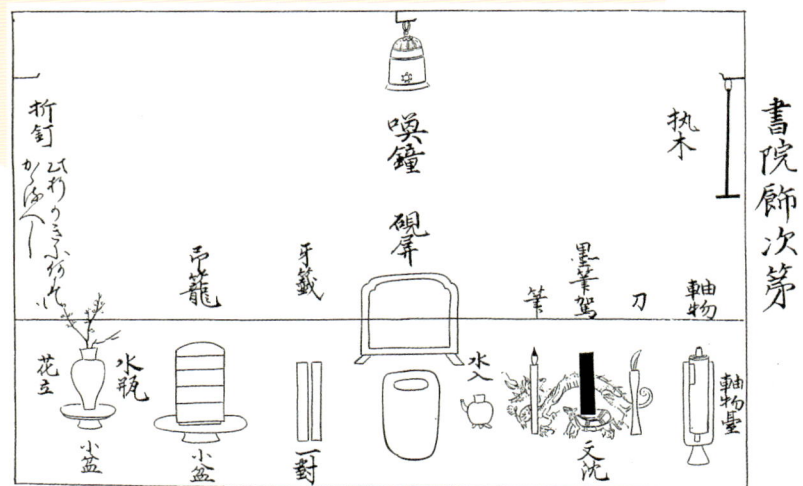

書院飾

れた板や机のことで、絵画を鑑賞するための施設でした。違棚は寝殿造の中におかれた棚や厨子が変化したもので、これは香炉や花瓶（かびん）などの工芸品を飾るための場所でした。帳台構も寝殿造の中の寝場所であった帳台がその原形です。

これらはいずれも、本来は建物に固定されていなかったものが、書院造の様式がととのう過程で建物に造り付けになったものです。そして中世に出現した会所の中で、それぞれ独自に発達してきました。

会所は、茶会や連歌会などを行う社交のための空間であり、そこには中国伝来の唐物を中心とする各種工芸品が並べられました。中世の貴族や僧侶、武士たちにとっては、会所で行われる寄り合いが、娯楽であり社交であると同時に、政治的に大きな意味をもっていました。

『君台観左右帳記』は室町将軍の同朋衆が将軍邸の座敷の飾り方について記録したものです。例えば、床には四幅の掛軸と香炉、花瓶、棚には食籠、毬炉、花瓶、石鉢など、付書院には水瓶、印籠、水入れ、硯、筆掛、筆、小刀、軸物などが飾られます。同朋衆は将軍のそばにつかえ、東山時代には座敷飾りをはじめ、庭造り、生け花、和歌や連歌、水墨画など文化面に活躍しました。

コラム ┃ **寝場所**

◆将軍の寝室・障子帳構

納戸構ともよぶ。古代の最上級貴族の寝室、障子帳が建物に造り付けになった。入口のデザインに特徴があり、床から一段上がって、両側が襖仕立ての脇壁、左右に開く襖、これらは黒漆塗の太い縁で、襖には美しい絵が描かれている。内側には美しい帷を掛ける。

●**障子帳構**（復元：小泉和子　画：前潟由美子）

⑤ 戦国武士の館

大内氏館と朝倉氏館

京都で勃発した応仁の乱（1467年〜）に始まる戦国時代には、全国各地に戦国武士が台頭し、抗争を繰り広げました。各地を支配するに至った戦国大名が、領国経営の拠点として築いた戦国期城下町は、城館を中心に武士の館、寺院・神社、そして商工業者があつまって、繁栄していました。

近年、各地で戦国期の城下町が発掘調査されてその実態がある程度あきらかになり、部分的に建物や庭園などが復元整備されています。ここでは周防山口の大内氏館、越前一乗谷の朝倉氏館を取り上げて戦国期の武士および城下町住人の住まいを見ておきましょう。

●大内氏館

室町幕府を支える有力な守護大名であった大内氏は、幕府の要職を務める一方で、大陸との対外交易を一手に握り、その拠点であった山口は守護所でもあり経済・文化の中心でもありました。現在の山口平野一帯に大内氏時代の寺院・神社などが数多く残されていますが、その中心である大内氏館も土塁で囲われた外形がほぼ残り、内部の様相も発掘調査の結果かなりよくわかってきました。

その大内氏館の中心建物である御殿は、その跡地に寺院が建てられて残っていませんが、館内部の周辺部の庭園が発掘で確認され、一部復元整備されています。

庭園は少なくとも3箇所あり、水をたたえた池泉庭園が2箇所、石組みだけで水の流れを表した枯山水庭園が1箇所で、ほかにも庭園が確認されています。遺跡南東の中島のある大きな池泉庭園は、石組み水路や護岸石、石積みなども整備されています。池の周囲に

●枯山水庭園
（提供：山口市教育委員会）

●復元された大内氏館の池泉庭園
（提供：山口市教育委員会）

●**一乗谷朝倉氏館**（朝倉氏本館（付武家屋敷・町家）復元模型　国立歴史民俗博物館蔵）

は池を鑑賞する施設も確認されており、領主の大内氏が来客をもてなすのに重要な役割を果たしたことが想像されます。

遺跡北西の位置にある少し小さい枯山水の庭も部分的に復元整備されています。こちらは隣接する建物の礎石が確認されており、こちらも建物から鑑賞する石庭であり、やや私的な庭なのかもしれません。

●朝倉氏館

一方の朝倉氏館は福井平野から入った山間に位置します。朝倉氏は守護大名ではありませんでしたが、戦国大名として越前の支配権を獲得し、1573年に織田信長に滅ぼされるまで、約100年間一乗谷を拠点に越前を支配しました。1967年以来、本格的に発掘が進められ、1972年には朝倉氏遺跡調査研究所が設立され、朝倉館跡、諏訪庭園跡など発掘遺構の整備が行われ、建築も部分的に復元されて、ほかではうかがえない戦国期城下町の様相を具体的に知ることのできる貴重な遺跡です。

城下町といっても、城郭の中心に天守があり、武士の屋敷、寺院・神社が配され、街道沿いには町家が並ぶという、整然と地域区分がされて全体としてまとまって集中的に建築・諸施設が存在する近世城下町とは違い、やや離れた山上に山城、砦、櫓などの戦闘施設が造築され、平地部には日常生活のための城主の居館、家臣の屋敷、寺院、町家などが、必ずしも十分地域区分されずに、しかも分散的に配された一乗谷は、戦国城下町によくみられる構成です。

大内氏館と朝倉氏館はともに戦火によって滅ぼされ、都市としては放置されたために、地中に遺構が残されて、復元もある程度できるようになっています。

戦国大名の居館として大内氏や朝倉氏以外にも、豊後府内の大友氏館、阿波勝瑞の細川氏館などが知られていますが、発掘で確認されたことで共通しているのは、いずれも当時中央で建てられていた居館、いわゆる書院造とされる御殿を中心に据え、周囲にこれも中央ではやっていた庭園を配備していることです。これらは花の御所といわれた室町幕府の建物を模したもので、建物と庭園が戦国大名の領国における権威のシンボルであったことを示しています。

茶室——婆娑羅から草庵茶室へ

茶は平安時代に中国から入ってきましたが、舶来のため大変な貴重品で、天皇とその周辺でしか飲まれていませんでした。この時期は煎茶の一種でした。鎌倉時代になると日本でも栽培がはじまりますが、当時は禅宗寺院で薬として飲まれていました。ここから抹茶になります。南北朝から室町時代の初めにかけて、武士たちの間で闘茶という、いく種類かの茶を飲み比べて茶の産地をあてるギャンブルが大流行になり、茶会は唐物とよぶ中国舶来の美術品や家具で飾り立てた部屋の中で催す贅沢で猥雑な遊びとなります。これが次第に洗練されていって、やがて将軍を中心に唐物を飾る床の間や違棚、付書院をそなえた住まい、書院造が成立し、茶はステータスシンボルとなりました。これが書院茶です。しかし戦国時代になると、民衆の力の上昇を背景に庶民の文化や住まいの美の発見が行われたことや、禅宗文化の影響で中世の隠遁者が結んだ草庵に精神性を求めて、農家や山家のようなデザインの茶室で、日本で焼かれた田舎風の茶碗を使って行う茶に変わりました。これが侘数寄で、千利休が大成者です。その後は、これが茶の主流となります。

●闘茶のための建物と内部

この図では一階は見えないが二階建である。慈照寺・銀閣（20ページ）のようだったと想像されるが、デザインは中国風である。右の奥が茶会の会場で、中国からきた絵画（掛軸）や仏像、花瓶（かびん）などをずらりと飾ったなかに、これも輸入品の絨毯が敷かれ、椅子が並ぶ。椅子には虎や豹の皮が掛けてある。中央の台には飲み比べるための茶を入れた茶壺がおかれ、壁際には飾棚が並び、上には数かずの珍しい果物が乗っている。手前はテラスで香炉から良い香りが立ち上っている。左は茶会の準備をする部屋、茶釜や茶の道具がおかれ、屏風の前には賭物の品が積まれている。当時こうした流行は婆娑羅とよばれていた。

●唐物茶席の復元イラスト（『喫茶往来』より　復元：小泉和子　画：野上隼夫）

●書院茶

闘茶の時代にはただ壁に掛けていた絵画はトコに掛け、適当な台や、飾棚に並べていた美術工芸品や香炉などもトコや違棚に飾るように、飾り場所が建物に造り付けられるようになった。建物のデザインも日本風になり、畳が敷かれた。この図は将軍の居間で、ここで親しい人との茶会も行われた。トコの前の上段に将軍がすわり、お茶は別室（茶湯の間）で同朋衆が点てて運んできた。絵画も美術工芸品も茶碗もすべて中国から舶来した唐物、それも今では国宝になっているようなレベルの高いものだった。

●東山殿会所「石山の間」の書院茶（復元：小泉和子　画：前潟由美子）

●侘数寄の草庵茶室

茅葺屋根、自然の丸太や土壁で囲まれたせまい部屋、身をかがめ、膝をついて入る躙口という出入口、低い天井、竹の竿縁、下地窓（壁の一部を壁土で塗らずに、芯になっている格子状の竹を窓の格子のように見せかけた窓。このままでは風が入るので、同じ大きさの掛障子を前に掛ける。）、囲炉裏があり、飾りはトコに軸一幅とか花一輪、といった一見すると粗末なデザインだが、非常に洗練されている。ここでは主人自らが茶を点てて、目の前にすわる客に差し出す。

●茶室外観（如庵　国宝　提供：名古屋鉄道株式会社）

●茶室内部（待庵　国宝　豊興山妙喜庵蔵）

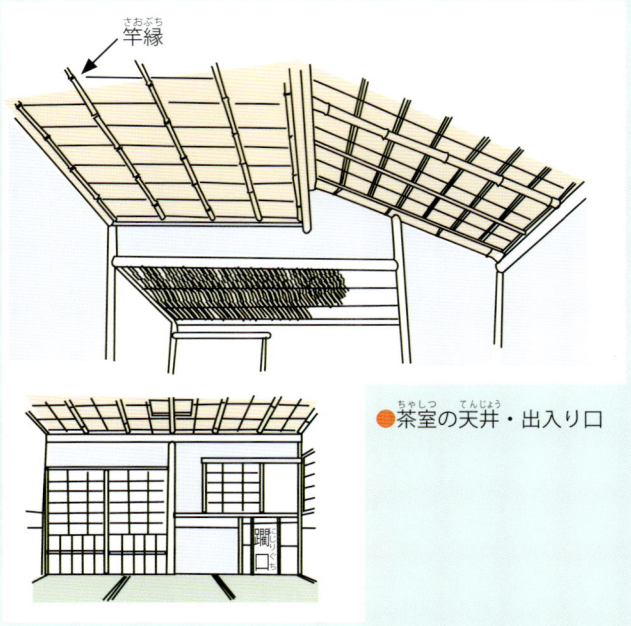

竿縁

●茶室の天井・出入り口

Ⅱ 僧侶の住まい

① 僧房と草庵のくらし

古代以来の僧房

　飛鳥時代、仏教は朝鮮半島からもたらされました（6世紀半ば）。仏教の教典はもちろん、仏教の儀礼に必要な仏像、仏具、さらには仏教寺院建築までもが朝鮮半島百済から入ってきました。もちろん僧侶も渡ってきました。ただ最初の仏教寺院である蘇我氏による飛鳥寺も、聖徳太子の法隆寺も私寺でした。壬申の乱（672年）を経て天武天皇があたらしい律令国家体制をつくりました。持統天皇が建設（694年）した藤原京の一角に薬師寺が建設されたことは、仏教寺院が国家体制に組み込まれたことを意味します。平城京にも受け継がれた薬師寺の伽藍周辺には、僧侶の生活を維持するための食堂院、政所院、大衆院などの院が設けられています。

　薬師寺の僧侶は国家公務員ですから、その住居である僧房は国の官舎でした。また、奈良時代最大の寺東大寺には背後の講堂の三面を取り巻く形で僧房がありました。奈良時代の僧房の一部が元興寺の極楽房として現存しています。建物に残された痕跡や部材などから、奈良時代の長屋形式で閉鎖的な形が復元想定されています。

　元興寺には鎌倉時代の僧房も復元整備されています。板敷で僧侶の寝場所は壁で囲われてほとんど窓もない閉鎖的な部屋ですが、これは僧侶にかぎらず当時の一般的な住居でした。

　このような閉鎖的な寝場所は絵巻物の僧侶の生活部分によく描かれています。

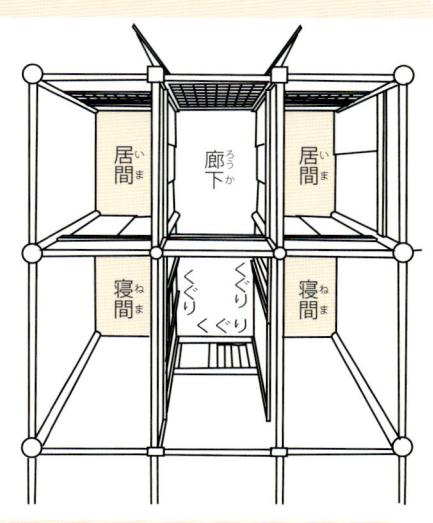

●**奈良時代の僧房**（元興寺極楽房の復元図）

●**鎌倉時代の僧房**（元興寺極楽房復元整備建物）

28

◈ 尼の庵室

● 部屋で寝る

板敷の部屋で、奥に尼、手前に侍女が、縁先に下半身を簾から出して下女が寝ている。尼は畳を二畳並べた上に薄い畳を敷き、かけ布団を掛けて蚊帳を吊っている。侍女は畳一枚にかけ布団、下女は畳もなく着の身着のままである。身分によって違う寝方がよく表れている。当時の畳はやわらかく、寝具であった。

（『春日権現験記絵』「開蓮坊尼庵寝室」　模本　国立国会図書館デジタルコレクション）

◈ 庫裏（僧侶の住まい）

● 塗籠構

昼間着ていた衣服を掛ける吊衣桁があるのは寝室の証拠である。二方が板壁、庭に面して舞良戸があり、出入り口は土壁で扉がついている。庭に面して開放的なのが特徴。

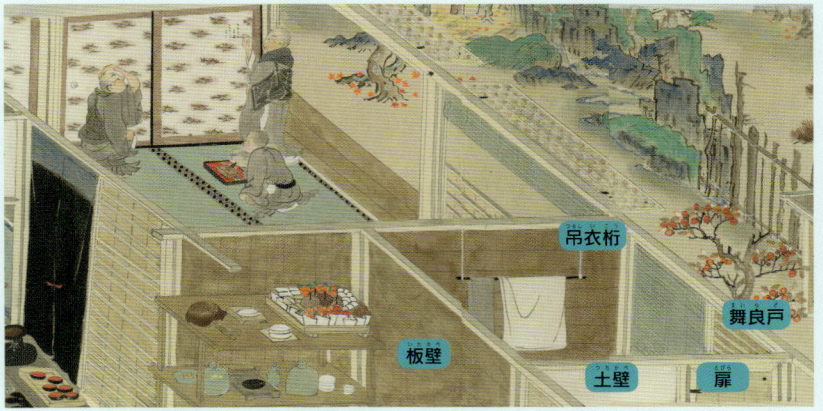

（『慕帰絵詞』「勝林院」　模本　国立国会図書館デジタルコレクション）

● 納戸構

左下が寝室。一方が土壁、三方が太い桟の板壁という四方が囲まれた閉鎖的な空間。出入り口もくぐって出入りし、内側から錠がかかるのは元興寺極楽房と同じ。寝室の壁には副障子がつく。枕と太刀は寝室のシンボルである。

（『慕帰絵詞』「竹杖庵」　模本　国立国会図書館デジタルコレクション）

草庵のくらし

　源平の争乱に始まり、南北朝の動乱と戦国時代という激動の時期を含む中世は、貴族や武士だけではなく、商工業者や農民などの民衆も力を持つことができた時代です。中世社会そのものが流動的であったため、住まいも多彩で変化も激しく、実態はよくわかっていません。「草庵」はそのような中世の住まいを考える手がかりをあたえてくれます。

　「草」は草葺きや草壁を意味するので、草庵とは庵（いおり）のことです。出家した僧尼や世を避けた隠遁者が人里離れて住む簡素な建物ということになります。ただ本当に「草の庵」であったかというと、必ずしもそうではありません。京都栂尾の山中に草庵を設けて座禅入観の場とした明恵や、故郷の伊予に帰って窪寺の草庵で念仏信仰を深めた一遍、さらに出家後に洛外に草庵を結んで修行していた西行など、草庵を拠点とした中世人は多くいました。かれらはいずれも宗教者か、それに類する身分の高い人物だったので、もちろん一人住まいということはなく従者もいたはずです。中世の宗教者を描く絵巻物にみられる草庵も、山間にあって周囲の自然にとけ込むように描かれ、また、当時の隠遁者の住まいとしての記号表現であった竹の柱や縁が用いられるのが特徴ですが、個々の建

●**草庵の復元イラスト**（部分　復元：玉井哲雄　画：野上隼夫　『週刊朝日百科　世界の文学　81』より転載　朝日新聞社　2003 年）

築表現は、京の都の邸宅や大寺院の僧房と共通しています。むしろ草庵とはいっても当時の支配層の一般的な住まいと変わりません。

鴨長明の『方丈記』の草庵を分析した研究によれば、草庵の建物は持仏堂と居間と世事（日常生活）という三つの空間で構成され、宗教空間である持仏堂がもっとも重要であり、宗教そのものが実質的な意味を持っていたということです。

平安時代の貴族は住まいとは別に持仏堂として寺院を建てて、信仰の場として住まい以上に重視していました。一方、近世の武士は寺院を造営することはあっても信仰のためとは言い難いかもしれません。書院造の住まいとしての中心は床の間・違棚・付書院という

座敷飾りの設けられた座敷であり、これは近世の武士にとって最も重要な身分秩序を確認する対面の儀式を行うための舞台装置でした。仏間や仏壇が設けられることはあっても、決して住まいの中心ではありませんでした。

このように考える時、中世の住まいである草庵において、持仏堂すなわち宗教空間が最重要視されていたことは特筆すべきです。つまり、宗教が主要な要素として住まいの中に組み込まれていたことが中世住宅の特質なのです。しかし、中世から近世へという社会の大きな転換のなかで、宗教は日本の住まいから徐々に失われ始めました。その結果が、現在の住宅ないし住宅観につながっているのではないでしょうか。

●山間の隠者の住まい（『融通念仏縁起絵』 シカゴ美術館蔵 『在外日本の至宝 第2巻 絵巻物』より転載 毎日新聞社 1980年）

●竹の縁がめぐる隠者の住まい（『慕帰絵詞』 模本 国立国会図書館デジタルコレクション）

② 禅宗寺院のくらし

禅宗寺院伽藍の構成

鎌倉時代には古代以来の天台宗・真言宗に代表される旧仏教に対して、鎌倉新仏教と総称される浄土宗、浄土真宗、日蓮宗、時宗などの新しい宗派がおこり、寺院のあり方も大きく変わりました。なかでも栄西によってもたらされた臨済宗、道元による曹洞宗という禅宗は武士の気風に合致したためか、武士に積極的に受け入れられました。

当時の中国宋から建長寺の開山となった蘭渓道隆、円覚寺の開山となった無学祖元ら禅僧がつぎつぎ招かれ、鎌倉、そして京都に禅宗の大寺院を建設しました。それらの寺院では禅の修行として中国直伝のくらしを採り入れたと考えられます。禅僧にとっては生活すべてが修行なので、中国的な生活が目指されました。

鎌倉時代に建設された五山をはじめとする大寺院の建物は残されていませんが、幸い鎌倉時代の建長寺伽藍の様子を伝える「建長寺指図」（1331年）が残されていますので手がかりとします。

模式図に示しましたが、三門、仏殿、法堂、方丈が中心軸上に並んだ奥行きの深い左右対称の構成で、回廊が三門から出て方丈までめぐっています。三門両脇から南に廊下が出て、その端に浴室と東司があります。浴室は風呂場、東司は西浄ともよばれる便所で、いずれも七堂伽藍の七堂に含まれています。

禅宗では日常生活すべてが修行であり、その動作作法に細かい規定がありました。

●庫院（庫司）

回廊の外へ向かって右の庫院（庫司）が寺務所です。寺の事務関係と教務人事関係にわかれていました。指図の庫院には竈が描かれ、炊事場もあったことがわかります。このような庫院の構成は近世禅宗寺院の庫裡に受け継がれています。

●僧堂

左手の僧堂は一般寺僧の居る内堂と役付僧の居る外堂にわかれます。僧堂には洗面所である後架、読書室である衆寮がありました。

●法堂

本尊を安置する仏殿は伽藍の中心ですが、禅院では背後の法堂のほうが規模が大きいことが多いです。法堂は住持が寺内大衆に説法を行う場なので、寺内で最重要の建物でした。中央に住持のあがる演壇である法座があるだけで、仏像は安置していません。

●方丈

方丈は客殿ともよばれ、法堂の後方に位置する住持の居室で、ここは日本風の建物です。この建長寺指図でも、蔀戸を入れ、背後の池に面した釣殿をそなえた寝殿造風の建物です。中国直伝をめざす禅宗寺院にあって、この方丈だけが中国式でなく寝殿造風なのは大変おもしろいです。

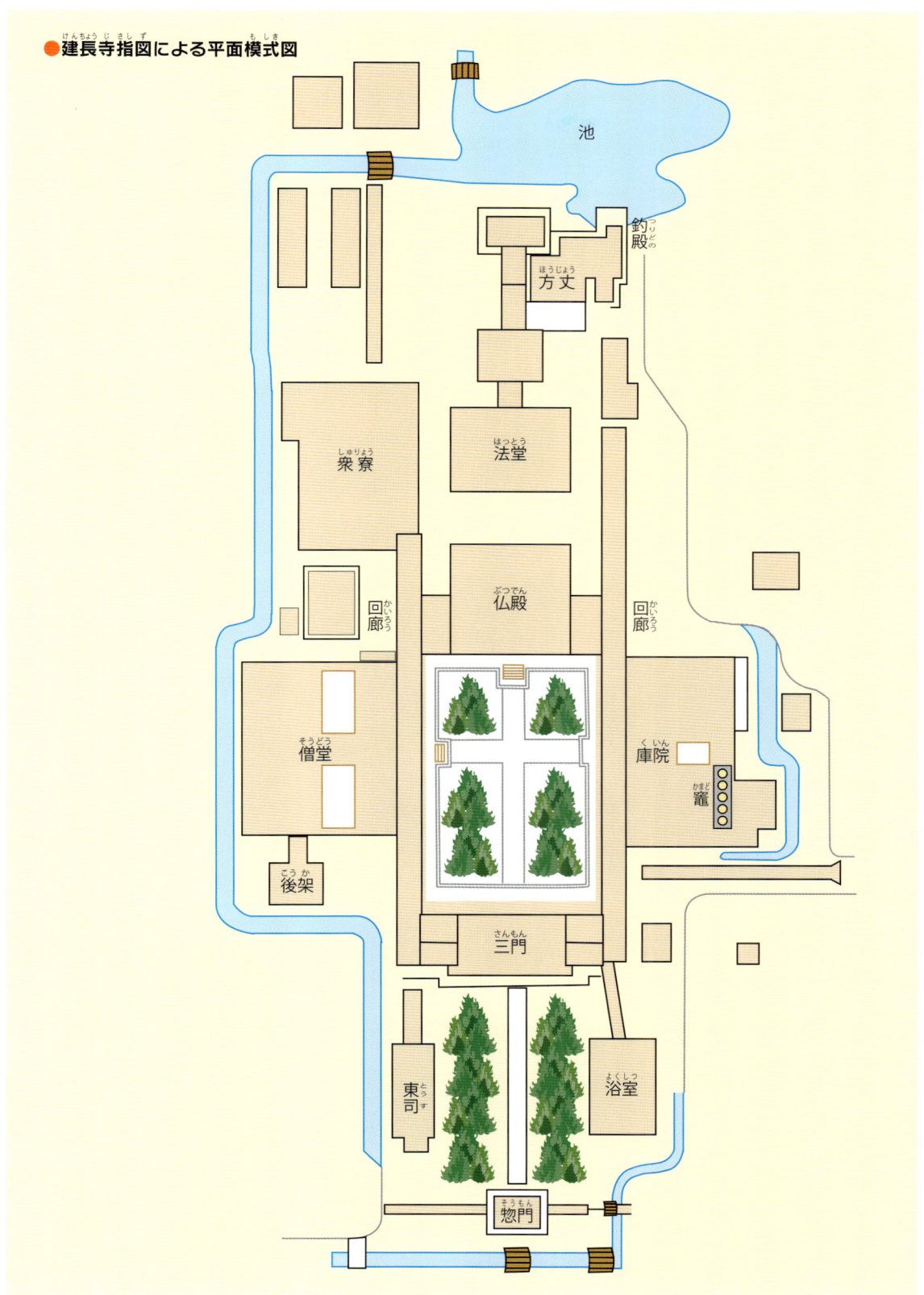

●建長寺指図による平面模式図

池

釣殿

方丈

衆寮

法堂

回廊

仏殿

回廊

僧堂

庫院

竈

後架

三門

東司

浴室

惣門

塔頭と方丈

●塔頭

　禅宗寺院で開山の墓（塔）を守るために、弟子が建てた子院を塔頭といいますが、後には住持が退隠後の居所として建てるようになり、その僧の宗派活動の拠点となりました。そのほか、近世になると寺に貢献した大名や商人の菩提所として建てられることもあり、同じ塔頭といってもその性格は時代によってかなり変わります。

　塔頭の中心建物は、塔をまつるための昭堂で、方丈はそのための僧の住まいにすぎませんでしたが、次第に塔頭の中心建物となります。応仁の乱（1467年〜）以前にさかのぼる方丈は東福寺龍吟庵方丈のみで、中世までさかのぼるものでも大徳寺大仙院本堂と大徳寺龍源院方丈だけで、中世の発展過程はいまひとつわからない部分もあります。

●方丈

　塔頭の中心である本堂や方丈は、大部分の近世のものもふくめて判を押したように二列六室左右対称の間取りです。中央の室中という大きな部屋の背後に仏間があり、開山の木

●東福寺龍吟庵方丈（国宝　慧日山東福寺　『日本美術全集　第13巻　禅宗の美術』より転載　学習研究社　1979年）

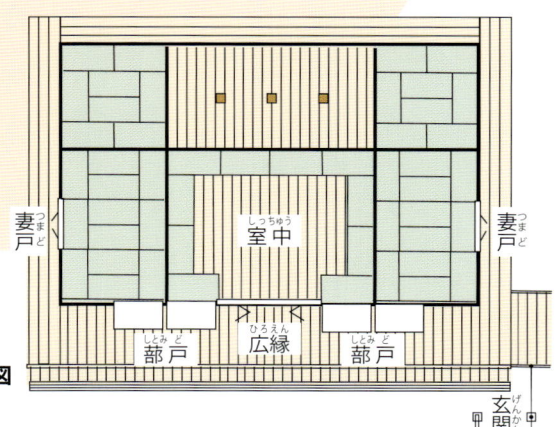

●東福寺龍吟庵方丈の平面図

●大徳寺大仙院方丈の平面図

図中のラベル：祠堂、仏間、眠蔵、室中、庭園、広縁、玄関

●枯山水の庭園（龍宝山大徳寺方丈庭園 『日本美術全集 第13巻 禅宗の美術』より転載 学習研究社 1979年）

像が安置されます。ところが1428年ごろに建てられた最古の東福寺龍吟庵方丈では、室中背後は板壁になっています。背後に仏間はなく、眠蔵という小部屋にわけられていたようです。このように建物の南側に広い縁があって蔀戸もあり、北側は閉鎖的な構成で小部屋にわかれているところは、寝殿造の構成と通じるものがあります。また、両脇に妻戸という、これも寝殿造と共通する扉があり、同時代の貴族や武士の住まいである寝殿造の構成とよく似ているのも偶然ではありません。この時代の支配者階級に共通する住まいの形といえます。

　大徳寺大仙院方丈は1513年の建立で、六室構成を継承していますが、中央室中の背面に間仕切りを建て、奥を祠堂、仏間、眠蔵の三室に区切っています。左右両脇の部屋は僧侶の日常生活の場であったと思われます。この大仙院で有名なのは、建物の東側から北側にかけて縁外にある枯山水の庭園です。せまい敷地をうまく利用して、刈り込みと大立石で遠山と懸崖を表現し、立石を滝に見立てています。さらに石と砂で表わされる、滝から水が渓流を下って大河となって流れ下る景色は見事です。

　これら禅宗寺院での生活は、当初は中国直伝を目指していたに違いないのですが、時間と代を重ねるにしたがって、しだいに日本人の生活になっていきます。ただ、住まいの形式も含めて日本人の生活の基層部分に禅宗寺院が与えたものは大きかったと思われます。

Ⅲ 庶民の住まい

① 農村長者の家

●箱木千年家の主屋 （重要文化財　提供：神戸市教育委員会）

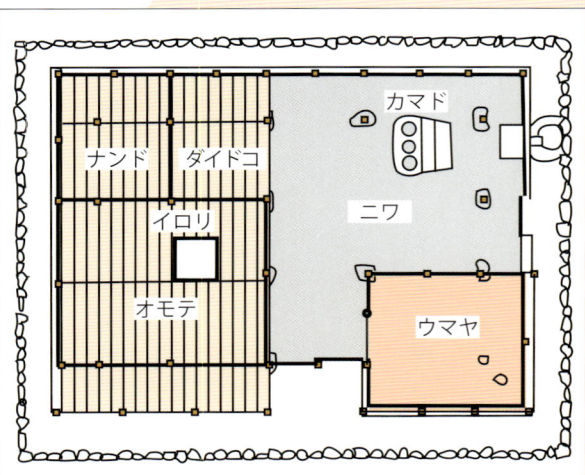

●箱木千年家主屋の間取り

中世を支配していた武士、そして古代以来、寺院・神社を拠点に勢力を保ってきた宗教者に対して、農業や商工業などさまざまな生業を営んで中世社会を実際に支えていた一般庶民は、どのような家に住んでいたのでしょうか。庶民といっても社会階層の上から下まで、そして地域や社会条件によっていろいろな人がいましたが、まず農村を支配していた農村長者の家を取り上げます。

●現存する民家

現存する建物では中世までさかのぼる最も古い農村住居として箱木千年家（兵庫県小野

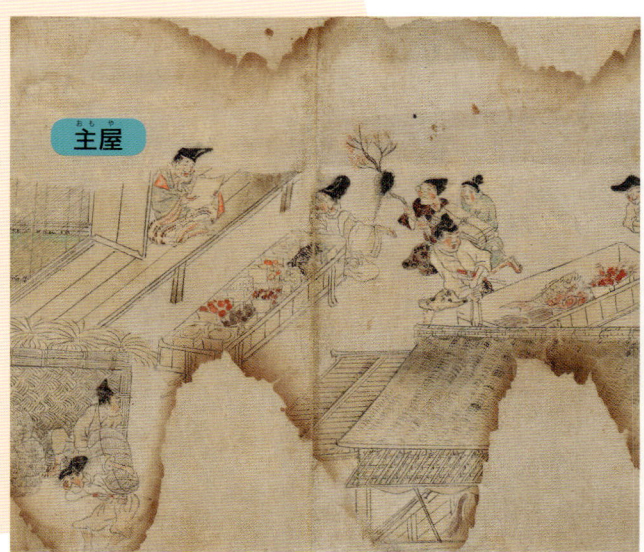

●長者の住まい （『粉河寺縁起絵巻』　国宝　風猛山粉河寺蔵））

市）とよばれている民家があります。最初に建てられた年代はわかっていませんが、部分的には中世の前半（14世紀ごろ）までさかのぼるという説もあります。その後ずっと近世を通じて生き延びてきたので改造の手が加わっていたのですが、近年の移築修理の際に最初の形に復元されているので、中世の住まいの雰囲気がよく伝わってきます。

外観は土壁茅葺で、軒が低く下がっており、出入り口と窓が小さいのが特徴です。中はニワとよばれる土間が広く、馬屋（ウマヤ）があるので実際に農業を営んでいたことがわかります。中は真っ暗ですが、昼間はあまり使わない寝間としてもっぱら使われていたからでしょう。土間が大部分なのは縄文・弥生の竪穴住居以来の庶民住居の伝統を引いているといっていいと思います。

ただこの箱木家は庶民といっても村の支配者なので、しっかりとした茅葺屋根がかかっています。間取りを見ると、前面の庭に面した板の間の大きな部屋（オモテ）には広い縁が設けられているので、村の長としての行事を前面庭で執り行ったと思われます。古い形式を伝える民家にはこのように建物の前面に広い縁を持つ家があり、村の支配者としての儀式・儀礼を行うためであったと思われます。

●絵巻物の農村長者

建物で残されているものはあまりにも少ないので、当時の雰囲気を知るために絵巻物などをさがしてみると、『粉河寺縁起絵巻』に中世の農村長者と思われる住まいが描かれています。武士ではないのですが、櫓の上がった門（櫓門）を入ると、庭に面して厩と主屋、さらに離れ、蔵があり、かなり広大な屋敷であったことがわかります。離れの建具には蔀と引き違いの舞良戸があり、まわりに縁がめぐっていることも武士住居と同じです。いろいろな家財や物産が運び込まれており、屋敷奥の蔵にはかなりの財宝があったようで、商業によって富をたくわえていたこと

がわかります。主人と家族だけではなく、多くの従者も描かれており、武士以外にもこのような農村長者が各地にいたのではないかと想像されます。

●**長者の住まい**（『粉河寺縁起絵巻』）

コラム　寝場所

◆ 塗籠構

紀伊国（和歌山県）の猟師の家。門から入った正面の部屋には庇で畳が敷かれている。その奥が出入口に帷を垂らした寝室。板壁で囲まれ、突上戸の窓で庭に向かって開放されている。

（『粉河寺縁起絵巻』）

◆ 納戸と寝室が一緒

人びとの後ろには果物を盛った容器や鉢が乗った棚、うずたかく積み重ねた布地が見え、その前に寝室を示す枕と太刀が描かれている。寝所と倉（納戸）が一緒になっている。

（『信貴山縁起絵巻』　模本　国立国会図書館デジタルコレクション）

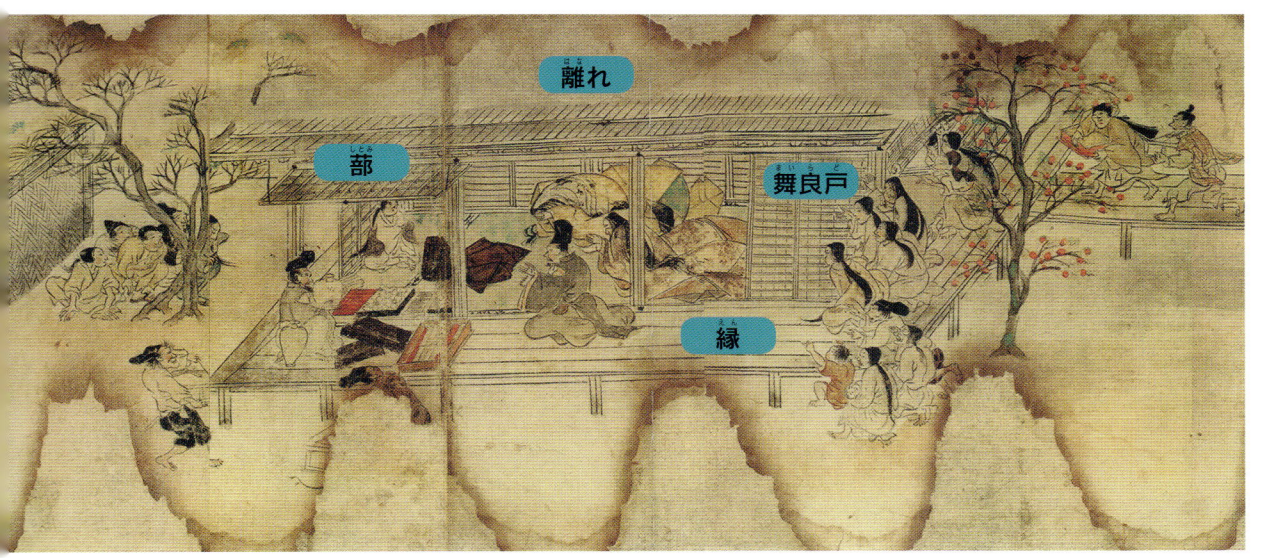

◈ 庶民住居──食事・寝る・生活が一緒

京都、貴族邸の築地塀を利用して建てた貧しい家。入ると右側が土間で、左側が前後2室になっていて、手前の二畳ほどの部屋で疫病にかかった亭主が吐いている。奥は舞良戸になっているので、奥の部屋が寝室なのかも知れないが、せまい家では専用の寝室はなかったろう。家の脇には筵を下げた差し掛け小屋があり、寝ているのも疫病だという。ホームレスであろう。

（『春日権現験記絵』 模本　国立国会図書館デジタルコレクション）

② 町の住まい

　都市中心部の街路や、宿場などの多くの人の通る街道沿いに建てられていた庶民の住居を町家とよんでいます。近世になると、例えば京町家のように形が整ったものが普及しますが、中世には素朴な建物が多かったようです。多くは間口2～3間（1間は約2メートル）と小さく、板壁・土壁で屋根は質素な板葺が一般的でした。暖簾などの簡素な建具の入り口から中に入ると大部分が土間で、一部に板敷の床がありました。街路に向かって窓が開かれていることで、横軸で跳ね上げる簡素な蔀戸がよく用いられていました。町場ですから単独で建っていることは少なく、多くは連なっており、隣同士壁を接するように建てられることも多かったです。

●平安京の町家

　平安時代の『年中行事絵巻』に描かれた平安京の町家は、屋根がつながっているので長屋のようですが、中は区切られていて、窓が横に並んでいます。この場合は表通りの祇園御霊会祭礼の舞を見るためにはとてもいい場所なのでしょう。本来は住まいではなく、このような祭礼の時に設けられる桟敷から町家ができてきたという考え方もあります。そして実際にはこのような表通りに面していることが、町で商売や仕事をする住民には便利なので、常設の建物である町家になったという考え方です。

　京都七条町を復元したイラストには、平安京中心部から少し外れた鋳物師など金属関係の工房の様子が描かれています。平安京以来の碁盤目状の街路沿いには、古代の条坊制に由来する築地塀が回っていたはずですが、その塀を取り壊して街路沿いの場所を商人や職人が占拠し、住まいを建てていました。これも町家の原形の一つでしょう。通りに面し

●平安京の町家（『年中行事絵巻』　模本　国立国会図書館デジタルコレクション）

●下京の町並み（『洛中洛外図屏風（歴博甲本）』
重要文化財　国立歴史民俗博物館蔵）

●京都七条町の復元イラスト（部分　復元：玉井哲雄・堀内明博　画：野上隼夫　『朝日百科
日本の歴史別冊　歴史を読みなおす　6』より転載　朝日新聞社　1993年）

●近江関寺門前（『一遍聖絵』　模本　国立国会図書館デジタルコレクション）

た町家の裏側には銅作業の工房があったこと
が、銅の炉や銅製品が出土することからわか
ります。このあたりは七条院町という銅製造
工房の並ぶ町であったことがわかっていま
す。『洛中洛外図屏風』に描かれた上京・下
京の町並みは次の段階で、このような町家が
建て連なってできています。
　『一遍聖絵』の近江関寺門前は大きな都市

ではないようですが、街道すぐに面して開け
放しの家や入り口に暖簾を下げた家があり、
何か商品を並べて売っている棚も見えます。
角地には生垣をめぐらし、札を下げた門口を
入ると、縁の回る板敷の少し格の高そうな家
が建っています。このように各地の街道沿い
の町場にはさまざまな形の町家が並んでいま
した。

3 一般の住まい

広島県福山市郊外、芦田川の川底から発掘で出現した草戸千軒遺跡は、中世の港、市場の繁栄を示す貴重な遺跡です。そこには一般庶民の住まいや日常生活を示す遺物が数多く確認され、博物館で実物大で復元されています。船着き場、市場、鍛冶屋、塗師、足駄屋、そしてお寺のお堂や当時の墓までもが想定復元されています。これらは発掘の成果に基づいていますが、建物などは当時の絵巻物などの絵画を参考にしています。

『粉河寺縁起絵巻』の猟師、大伴孔子古の家は猟師ですから村の上層ではない一般的な庶民の家とみてよいでしょう。屋敷前の小川を橋で渡って生垣に開かれた冠木門を入ると畳を敷いた板床の部屋です。この主屋は草葺ですが整然と角柱が並び、板の間です。柱を繋ぐ長押という横材がまわっているので、つくりはしっかりしています。台所の部屋の中には結桶やまな板、調理具などが見られるので、庶民のくらしの一端がうかがえます。

『粉河寺縁起絵巻』にはほかにも生業がはっきりしない庶民の家が描かれています。この立臼のある家は、中の土間が見え、樹木の植わった庭を生垣で囲んでいます。屋根は板葺で、壁は板壁と土壁が用いられています。

古い時代の建物は網代の壁が多かったのですが、板材が普及して流通するようになったので板壁が多くなったのかもしれません。土壁は簡単な技術なので、どの時代の庶民住居にも見られます。

●草戸千軒遺跡の復元家屋（提供：広島県立歴史博物館）

現在でも農村部では、中世までさかのぼる可能性のある建物が、考古学発掘で確認されることがあります。それは現在建っている民家の主屋建物を解体修理する際に、その地下を確認するために掘ることがあるのですが、掘ると下から前身建物の遺構が出てくることが稀にあります。この場合の民家は、伝承などから中世の時代から同じ場所に住み続けていたことが確認できることがあります。そし

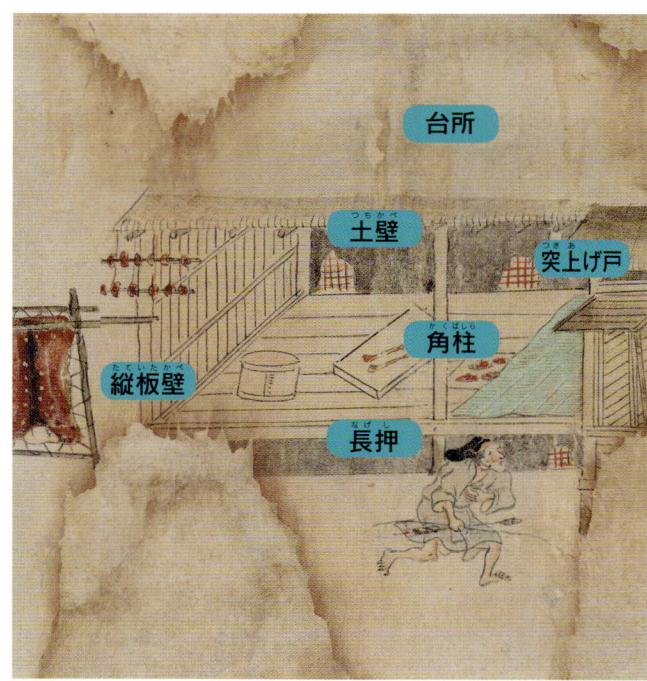

●猟師の家 （『粉河寺縁起絵巻』 国宝 風猛山粉河寺蔵）

ていくつかの建物は掘立柱または竪穴住居ということがあります。つまり、現在の農村の住まいも近世初頭ないし中世までさかのぼれば、掘立や竪穴住居であったということがあります。中世の庶民住居は竪穴が一般的であったと考えられます。

中世社会の下層の貧しい人びとは、なかなか記録には残されていませんが、絵巻物では寺院や貴族の家の床下に寝ていたり、河原などに竹柱と草屋根だけの家を建てて休んでいる景色がよくあります。住まいとも言い難いのですが、安定した住まいを確保することも難しい人びとが日常的にいたことが想像されます。

●**庶民の家**（「立臼のある家」『粉河寺縁起絵巻』　国宝　風猛山粉河寺蔵）

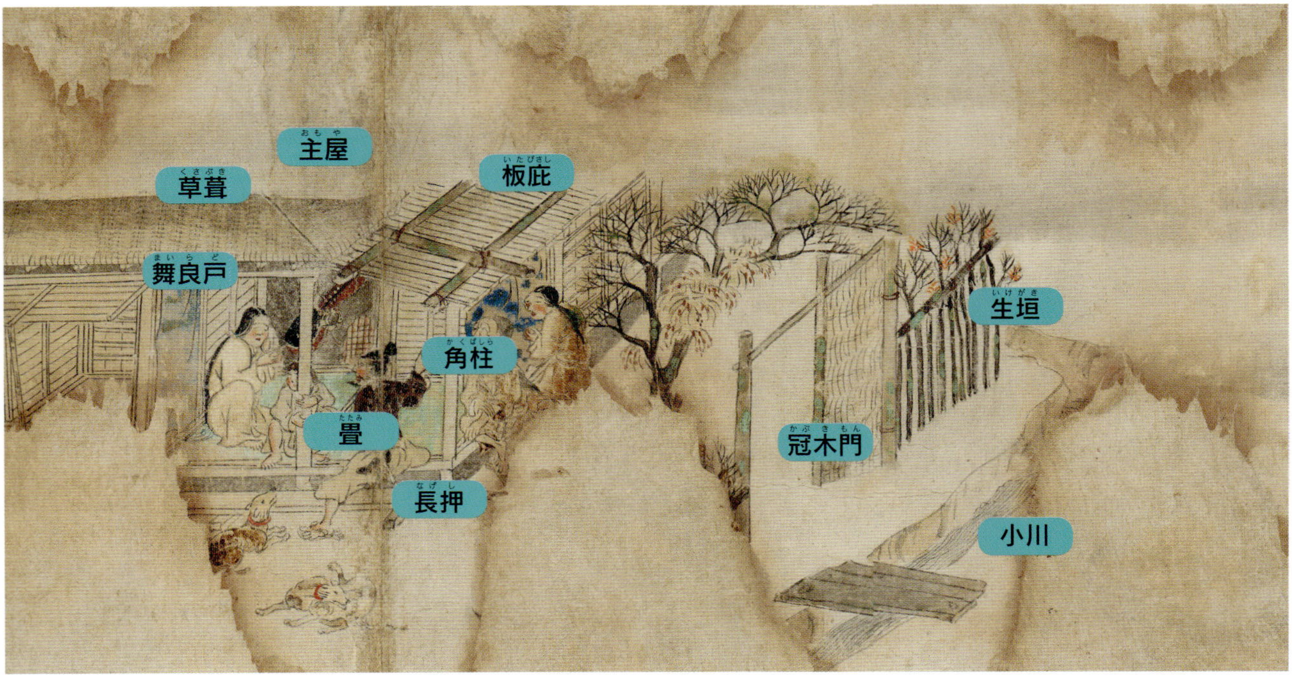

Ⅳ 中世のくらし

① 食事と宴会

　中世は日本人の食文化が大きく変化した時代です。とくに室町時代には日本料理の基本ができあがりました。麺類、豆腐、心太、蒟蒻、蒲鉾、味噌、醤油、調味料、擂り鉢を使った和え物などが生まれ、禅宗寺院の影響で野菜料理が一般に取り入れられるようになりました。

　鎌倉時代の武士は、土地でとれる新鮮な野

鎌倉時代

瓶子　円座　折敷　太鼓樽　折櫃　銚子

（『一遍聖絵』　国宝　藤沢山清浄光寺（遊行寺）蔵）

● 築前の武士の館の酒宴

板の間で、畳は片側だけに敷かれ、人びとは板敷に円座ですわって酒宴をしている。酒は太鼓樽・瓶子・銚子、小さい折敷にわずかの肴、折櫃には周りに紙を立て（甲立）、中には果物。当時の酒宴は質素である。

菜や魚介が中心の一汁一菜の質素ですが健康的な自然食で、狩猟や鷹狩りをして猪や鹿、兎や野鳥をとらえて動物性蛋白質や脂肪をとっていました。そうした武士も室町時代になると貴族化し、平安貴族の宴会料理をモデルにした一の膳（本膳）・二の膳・三の膳から五の膳まである本膳料理が誕生します。

●身分の高い僧侶の食事

三井寺南滝院浄珍の広壮な邸、14歳の少年が弟子入りした時。畳はまだすわるところだけに敷かれている。食膳は白木の衝重、二の膳のかわらけは盃。食器類も全部かわらけ。稚児が銚子を持っている。燭台と灯台があるので夜の情景である。

（『慕帰絵詞』 模本 国立国会図書館デジタルコレクション）

●田舎の僧侶の家の酒宴

奈良に近い和珥という田舎に住む僧侶の家に友の僧が訪れ、酒宴を張っている。主人と客僧は置き畳、給仕人は板敷にいる。太鼓樽の酒を銚子に注ぐ。酒はたっぷりしているが料理は少ない。

（『春日権現験記絵』 模本 国立国会図書館デジタルコレクション）

これにともなって料理の専門職人である、魚鳥を調理する「包丁師」、野菜類を調理する「調菜」が登場しました。酒が商品として製造されるようになり、人びとの酒を飲む機会が多くなりました。鎌倉時代に薬として禅宗寺院で飲み始めた茶が、嗜好品として一般に広まり、茶の湯がさかんになりました。また懐石料理が発達しました。一日、二食から三食になったのも鎌倉時代からです。

●貧しい絵師の家の酒宴

畳は奥に一畳だけ。瓦製の火炉を囲んで酒宴に興じている。前には折敷につまみを入れた小さいかわらけが三つずつ、酒の盃は大きい。酒を注ぐのは格式の高い銚子ではなく提げ。

（『絵師草紙』 模本　国立国会図書館デジタルコレクション）

●紀伊国の猟師の家の食事

獲った獣を始末したところのようだ。垣には毛皮が干してあり、庭先の筵には干し肉、火を燃やす竈（よく見えないが）の前には串刺しの肉が立ててある。室内にはまな板の上に、捌いたばかりの新鮮な肉の刺身。子どもは串刺しの焼き肉を食べている。赤ん坊に乳を飲ませる女房は板敷に筵を敷いている。

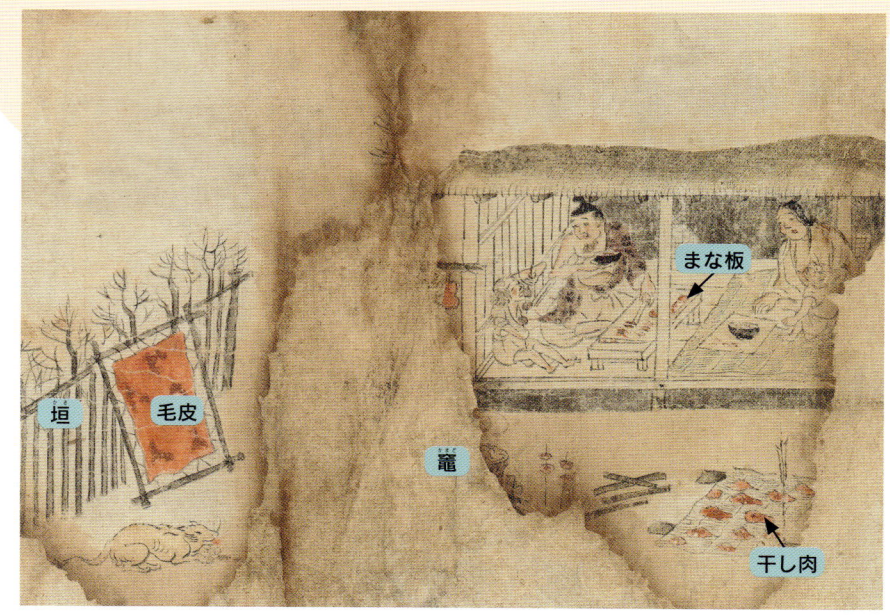

（『粉河寺縁起絵巻』 国宝　風猛山粉河寺蔵）

◆ 折敷

折り敷きがつまった言葉。片木（檜や杉などの木を剥いで薄板にしたもの）製の四角な盆。縁が片木を四方に折廻してつくられている。古代から貴族から庶民まで使っている。白木、漆塗とある。縁が高い（4〜5センチほど）縁高折敷もある。

◆ 盆

食器などを乗せて持ち運ぶ平たくて丸いもの（後には四角のものも）である。もとは盤とよんでいたものが室町時代ころから盆となった。盤は漢字では平らな大皿のこと、盆は水などを入れる鉢のこと。盆とよぶのは間違いだが、そのまま定着してしまったのである。

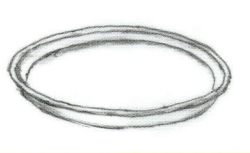

◆ 衝重

つきかさねの音便形。方筒形の台の上に折敷を重ねてつけたもの。古くは片木でつくられていたが、中世以降は春慶塗などでもつくられた。儀式や祝宴の際に用いられた。

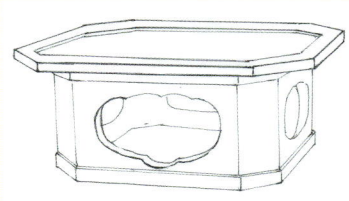

◆ 太鼓樽

太鼓の形をした酒を入れる容器。胴の一部に栓がついていて、台の上で胴体を下に回して銚子や提げに酒を注ぐ。宴会などで使うため、太鼓の形にデザインしてある。

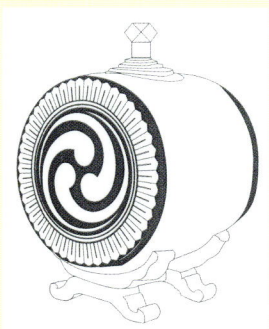

◆ 銚子と提げ

酒を盃に注ぐのに用いる器で、長い柄がついているのが銚子、柄がなく、弦のある鍋のような形が提げ。どちらも木製、金属製があるが、銚子の方が格が高い。

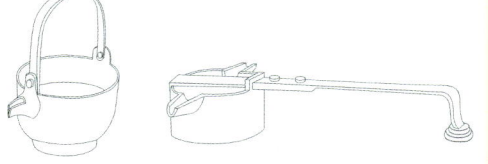

◆ 三方

衝重が室町時代になると三方とよばれるようになった。台に宝珠形の孔が開けてあり、これが三方に開いているからで、四方、二方、一方もあった。三方は衝重より高さが高い。

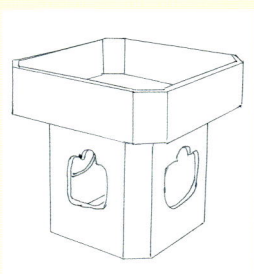

◆ かわらけ

皿形をした素焼きの土器。古代から盃も含めて食器として使われてきたが、中世以降、食器は漆器が多くなったため、盃として使うことが多くなった。

室町時代

●酒好き（上戸）の公家の食事

『酒飯論絵巻』は、酒好きの公家と御飯好きの僧、両方を適度に好む武士が、それぞれの持論を展開する構成になっている。いずれも畳が敷き詰められ、押板がついた広壮な書院造の座敷である。料理職人が宴会などに出張した。白木の三方と折敷には各自のかわらけ（盃）が一つ、中央にはつまみが鉢と小さな縁高に盛られている。中央には男が銚子で酒を注いでいる。盃は大きなかわらけ。鳴り物入りで酔って踊っているが肴はきわめて少ない。

（『酒飯論絵巻』 模本 国立国会図書館デジタルコレクション）

●酒と飯が好きな（中戸）武士の食事

本膳料理の会食。本膳（飯・汁・五采）、二の膳（三采）、三の膳（一采）。本膳・二の膳は白木の足付き角切折敷、三の膳は折敷、飯と汁は朱塗の椀、皿鉢は陶器。刺身らしきものが見える。中央の女性が持っているのは酒の銚子。別室では酒や果物の準備をしている。

48

（『酒飯論絵巻』　模本　国立国会図書館デジタルコレクション）

二の膳

本膳

●御飯好き（下戸）の僧侶の食事

本膳（飯・汁・三菜）と二の膳（三菜）。年老いた僧二人は拭漆塗、稚児は白木の三方。食器はすべて朱塗の漆器。僧であるから精進料理である。廊下には飯を山盛りにした鉢と、小さな折敷に陶磁器の小鉢を捧げた人や、瓜を大鉢で冷やしている人がいる。

二の膳

本膳

三の膳

（『酒飯論絵巻』　模本　国立国会図書館デジタルコレクション）

❷ 台　所

　炊事をする場所を台所とよぶようになったのは鎌倉時代からです。平安時代の貴族邸で配膳所だった台盤所を省略したものです。それまで井戸や流しなどの水場、囲炉裏、竈などの火どころ、調理場などが、それぞれ離れた場所にあったものが、中世になるとだんだん一箇所にまとまりはじめます。それでも水場は、大きな寺院や大名邸や貴族邸以外はほとんどが戸外におかれていました。京都などでは古くから町の人が共同で使う井戸が路上に設けられていましたし、川や池の水を使うところもたくさんありました。室町時代になると京都などの町家にも流しが設けられるようになりました。

鎌倉時代

●京都の貧しい銅細工師の家

囲炉裏を囲んで、主人がまな板の上で魚を捌いている。炉には煮え立つ鍋、まわりでは串に刺した魚を焼き、隣では串を削っている。炊事をする場所と食事をする場所が一つになっている。水場は外にあるのだろう。

囲炉裏

（『松崎天神縁起』　重要文化財
防府天満宮蔵）

膳棚
流し
桶
地火炉　　置火炉　　金輪

●大きな寺院の庫裏

床の上には置火炉、床から一段下がったところは地火炉と、床に簀子を張って流しを設けて、水を入れた桶がおかれている。置火炉には金輪に鍋をかけて麺を茹で、地火炉では串を立てて魚を焼くなど、使い分けている。周囲には膳棚がおかれ、僧たちが盛りつけをしている。

（『慕帰絵詞』　模本　国立国会図書館デジタルコレクション）

室町時代

（『酒飯論絵巻』 模本 国立国会図書館デジタルコレクション）

●大きな邸の台所 魚鳥の調理

床上が広い調理場で、手前には地火炉があり、鍋をかけて煮物をしている。奥では大きくて厚板のまな板の上で、まな箸でおさえて、ナイフのような細長い包丁を使って鳥と魚を捌いている。後ろには食器や折敷が見える。井戸は庭にあり、流しはなく、地面を掘り下げて排水をしみ込ませるようにしてあるようだ。縁では鳥の毛をむしっている。手元に水がないので、おかみさんが側で桶の水を掛けて手伝っている。

●大きな邸の台所 精進料理の調理

手前が調理場で、一人は大きな曲桶の御飯を握り飯にしており、一人は汁を味見している。前には小さくて板のうすい足付きのまな板に豆腐が乗っている。膳棚には大きな鉢に菓子や果物が盛られ、床には瓜や茄子など野菜がころがっている。土間には竈があり、奥に見えるのは流しのようだ。擂り鉢を使う料理が発達したのは室町時代である。

（『洛中洛外図屏風（歴博甲本）』 重要文化財 国立歴史民俗博物館蔵）

●京都の町家の流し

町家の裏口に設けられた流し。差し掛け屋根を下ろし、屋内から板をやや傾斜させて張りだし、流しとし、排水は下の地面を掘り下げてしみ込ませている。水は共同井戸から汲んでくる。

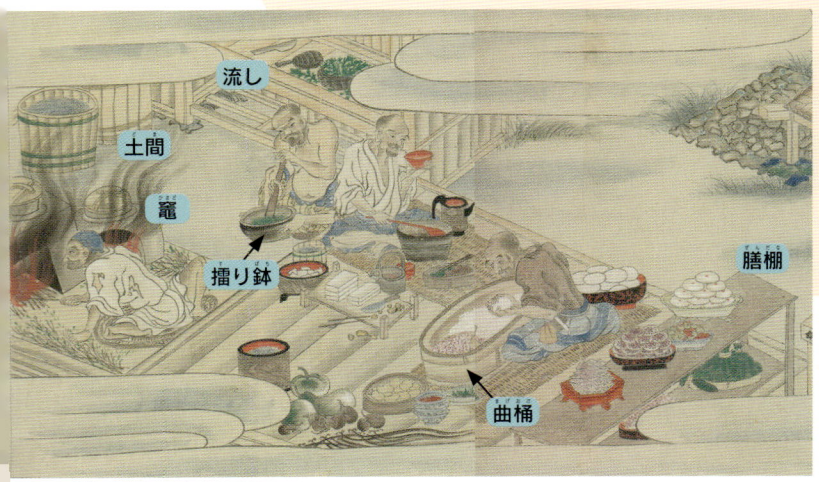

（『酒飯論絵巻』 模本 国立国会図書館デジタルコレクション）

水回り

◆ 懸樋

節を抜いた竹や板で囲ってつくった樋で水を送る装置。湧き水などを家に運んでくる。流しにまで直接水が来るようにしてあるものと、土間などに水溜を設けてあるものがある。

●室内の懸樋（『信貴山縁起絵巻』 模本
国立国会図書館デジタルコレクション）

●屋外の懸樋（『一遍聖絵』 模本
国立国会図書館デジタルコレクション）

◆ 井戸

井戸には自然に地中から水が噴き出す自噴井と、人が掘る掘井戸がある。水を汲むのは柄杓や桶である。つつみ井は自噴井で、まわりを石などで囲ってあり、柄杓で汲む。掘井戸はまわりを板や石などで囲った井戸で、紐をつけた桶を投げ込んで持ち上げて水を汲む。竿の一方の先に桶をつり下げ、一方の先に石をつけて、石の重みでつり上げるようにしたのが釣瓶井戸である。

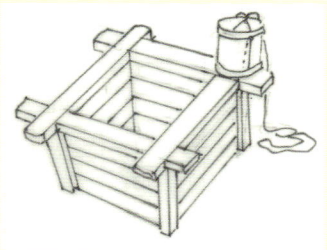

●堀井戸

●つつみ井（『扇面法華経』）

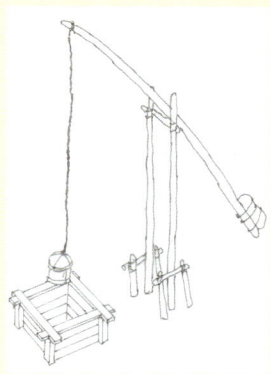

●釣瓶井戸

●町家の裏庭の共同井戸（『洛中洛外図屏風（歴博乙本）』）

●路上の共同井戸（『洛中洛外図屏風（歴博乙本）』）

火回り

◆ かまど

かま（釜）どころ（処）の意味。「くど」「へっつい」ともいう。土まんじゅう形の竈は古代から中世を通じて近世まで使われているが、中世になると大きな家では庭竈が多くなる。土を角形に固めて、周りに黒漆喰などを塗ったもので、鍋や釜をのせる口が二口、三口あるものもあり、土台を設けたものもある。燃料はおもに薪が使われる。

●土まんじゅう形

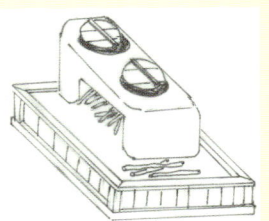

●庭竈

◆ 炉

囲炉裏は基本的には暖房と煮炊きをかねて居間に設けられているものである。煮炊き専用で台所に設けられ

●置火炉

ているものが地火炉である。これを移動できるようにしたのが置火炉で、瓦のような焼き物で箱形や鉢形につくってある。鍋を掛けるのに囲炉裏では主に鉤を使うが、地火炉では金輪を使う。主におかずや汁をつくる。燃料は薪のほか木炭も使う。

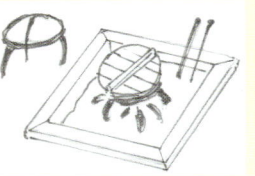

●地火炉と金輪

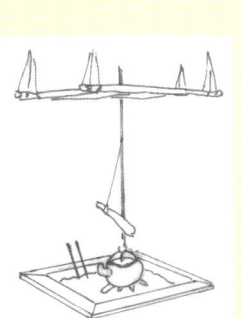

●囲炉裏

③ 風呂

風呂には蒸気で身体を温める蒸風呂と、湯に入る水風呂があります。中世の水風呂は湯を沸かす釜と浴槽が別々の取り湯式でした。中世は沐浴が発達した時代で、寺院が貧しい人や病人らに浴室を開放する施浴のほか、町中には銭湯があり、湯殿がある大家もありました。寺院の施浴は、古代から行われていましたが鎌倉時代にさかんになり、高僧らによって衆生に功徳を施す行事は引き続き行われていました。室町時代にも、奈良をはじめ各地の寺院でも日を決めて広く庶民に無料で入浴させる「功徳風呂」が行われました。銭湯も京都や鎌倉にはかなりの数あり、地方でも伊勢の国（今の三重県）などには村に1軒ずつあったといいます。「町中に銭湯があっ

て、沸けば角笛を鳴らしてこれを告げ、人びとは湯銭を払って入浴する」と永享2年（1430年）に来日した朝鮮の特使が書いています。水風呂を湯屋、蒸風呂を風呂屋とよびましたが、湯屋が多かったといいます。

銭湯では古くから蒸風呂の岩風呂や釜風呂がありました。自家風呂は裕福でないとつくれないので縁者を風呂に招く招き風呂、薪を持ちよる合木風呂、入浴後に茶の湯や酒食を供する風呂の宴などもさかんでした。風呂講といって村のお堂に集まって、入浴後、持参の酒さかなで夜を明かすということも行われました。中世はさまざまな形の入浴施設が発達し、一般庶民にも広く普及していった時代です。

鎌倉時代

水風呂

● 自家風呂

筑紫の禅寺の僧房の浴室。住まいの後ろに続く浴室と火焚き小屋、はね釣瓶の井戸では寺男が水汲みをしている。大釜で沸かした湯を樋で浴室に引いているのであろう。浴室は土壁で、湯気を出す丸窓がある。

釣瓶井戸

浴室

（『一遍聖絵』 模本 国立国会図書館デジタルコレクション）

●寺院の施浴

10人ほどの行人（仏道を修業する人）が沐浴している。外の竈で沸かした湯を樋で引いてきて枡で受けて浴槽に流し込んでいる。洗い場では盥から柄杓でお湯を汲み出して身体を洗っている。当時は腰巻きをつけて入浴していた。外には行人の荷物がおかれている。

（『法華経曼荼羅図』　重要文化財　長松山本法寺蔵　撮影：株式会社チューエツ　提供：富山県教育委員会）

（『是害房絵巻』　重要文化財　曼殊院蔵）

●湯治

病気に罹った唐の天狗是害房が加茂川あたりに設けられた浴室で湯治をしている情景。釜で沸かした湯を樋を使って湯殿に引いている。浴槽が床に嵌め込まれている。浴槽の形は唐をイメージした架空のもの。

蒸風呂

●僧房の蒸風呂の焚き場

釜で湯を沸かして湯気を送る蒸風呂の構造がわかる。浴室は板で囲われた天井の低い小部屋である。内部はわからないが、おそらく入口が小さく、床は簀子になっていて、そのすきまから蒸気が立ち上るのだろう。

（『慕帰絵詞』　模本　国立国会図書館デジタルコレクション）

●**釜風呂**（復元図）

京都八瀬にある古代から続いている蒸風呂。秋田のかまくらのような高さ２メートルくらいの土むろで、地面に石を敷き詰め、焚き口から常緑樹の生葉を燻すように焚き、燃え尽きて熱が充分こもったら灰を掻きだし、塩水を含めた筵を敷いて上に寝そべって汗を流す。葉の蒸気に医療的効果があるとされる。

●**石風呂**（撮影：大場修）

周防阿弥陀寺の石風呂。穴風呂、空風呂ともよばれ、蒸気浴と熱気浴を合わせたようなもの。天然の岩山を掘った洞窟の中でシダの枯木を焚き、燃え尽きると塩を含んだ筵を敷き、入って蒸される。東大寺再建に力を尽くした重源上人がつくったとされる。

室町時代

公衆浴場

●**京都の銭湯**（『洛中洛外図屏風（歴博乙本）』　重要文化財　国立歴史民俗博物館蔵）

塀で囲まれ、釣瓶井戸がある。入り口の番台で客が金を払っている。洗い場では盥から柄杓で湯を汲み出して身体を洗っている。奥が見えないので蒸風呂か水風呂かわからない。背中を流す下男もいる。

戦国時代

蒸風呂

●蒸風呂（撮影：大場修）

豊臣秀吉の聚楽第につくられた蒸風呂。板敷の洗い場で、奥の左側に破風造りの風呂屋形がある。正面と右側は引き戸で、中は簀子で、その間から蒸気が立ち上る。風呂屋形に並んで陸湯（きれいな湯）の釜と水槽が設けられ、板壁の裏が、風呂釜と湯釜を焚く土間になっている。

◇ 洗剤

洗顔や身濯ぎ用には、古くから、アカザの灰汁・米のとぎ汁・小豆粉が使われてきた。洗濯にはサイカチの莢やムクロジの実を使ったので、洗髪などにも使ったかもしれない。

サイカチの莢

ムクロジの実

◇ 桶

桶には曲物の曲桶と、短冊形の板を円筒形に箍で結わえた結桶がある。古くからあったのは曲桶だが、室町時代になると結桶も使われはじめる。

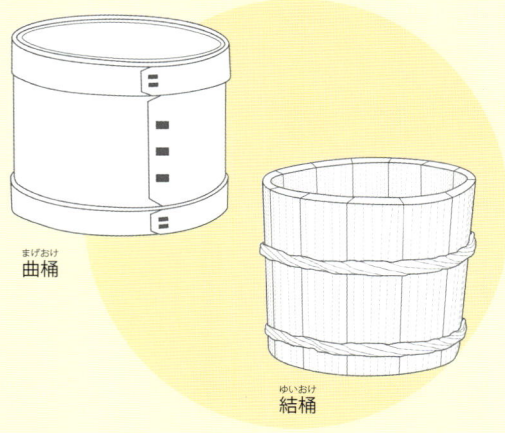

曲桶

結桶

◇ 手拭い

顔や身体を洗ったり拭いたりする布で、古くはタノゴヒといった。江戸時代以前は麻の無地が使われていた。幅30センチ内外、長さ1メートル内外だが、古くは長さが一定していなかった。

◇ 風呂敷

風呂場に敷いて足を拭いたり、衣類を包んだりする方形の布。京都の銭湯の図（左ページ）で奥にすわる人が衣類を包んだ風呂敷包みを脇においている。

④ 便 所

　中世の便所には古くからの糞尿を川に流すかわや（川屋・厠）のほか、鎌倉時代になると汲み取り便所が出てきます。汲み取り便所は、糞尿をかめ（瓶）や穴に溜めておいて、柄杓で汲み取る便所です。穴には周囲を石などで囲ったものと、地面をただ円筒状や方形、楕円形に掘っただけのものがありました。便所がとくに整備されていたのが禅宗の寺院です。禅宗では日常生活のすべてが修行とされていたため、便所に行くのも修行の一つでした。便所を東司とよび、入る前には手拭いや袈裟を竿に掛け、履物を足駄に履き替えて、桶の水で便器を清めてからあたりを汚さないように用便をし、済んだら紙かへらで拭き、桶の水で便器を洗い、便所を出たら手を7回洗うというものです。

　室町時代の京都や堺などの都市では、町家で囲まれた裏庭に共同で使う便所や、人びとの行き交う道路に公衆便所が設けられました。さらに戦国時代になると各地の都市では各家に便所が設けられるようになります。また大名や有力武将たちは畳敷で黒漆塗の樋箱という贅沢な便所をつくるようになりました。樋箱は古代から貴族たちが使った便器です。古くはポータブルでしたが、この時期には畳床に嵌め込んだ固定式になりました。こういう便所で戦国武将たちは戦略を練ったり、読書をしたりしたといいます。こうして便所は中世の間に大勢の人が、それぞれのくらしに応じて使う便所へと発達していきました。

鎌倉時代

● **寺の水洗便所**（復元模型　大田区立郷土資料館蔵）
川の流れの上に便所を設けて、水と一緒に流す。生活排水を引いて使って外の谷川に流すこともあった。

● **僧房の汲み取り便所（屋外）**（『慕帰絵詞』　模本　国立国会図書館デジタルコレクション）
粗末な建物で、地面に穴を掘って板を渡してある。便所には高い足駄を履いて行く。便所から出た僧が袈裟を肩に掛けているのは、脱いで枝などに掛けて入ったからだろう。

● **僧房の汲み取り便所（屋内）**（弘願本『法然聖人絵』）
板床の中央に穴が開き、前に金隠がある。便所に入る時には袈裟を脱いで竿に掛け、足駄に履き替える。床下には瓶を埋めるか、穴が掘ってあった。

58

室町時代

室町時代前期に建てられた東福寺の東司。現存する最古の東司として重要文化財に指定されている。正面入って右側には大便所、左側には小便所が並び、地下にはそれぞれ9個の瓶が埋めてある。奥には手洗所がつづき、一番奥は湯沸かし場。

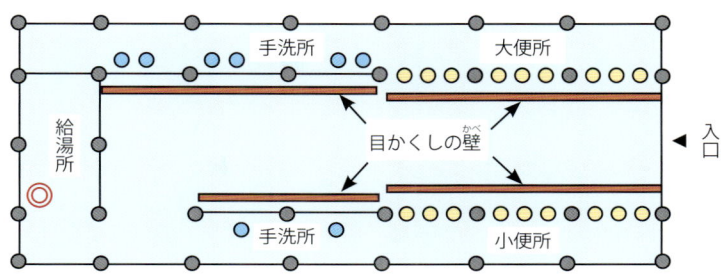

● 東福寺の東司

● 東司外観 （重要文化財　慧日山東福寺）

● 東司内部

◇ 糞べら

チュウギ（籌木）とか掻木ともいう。紙が貴重だったため、用便の後、お尻を拭くのに木の葉や竹や木で作ったへらを使った。へらの先端は斜めに切ってある。　使用後は別の容器に入れて捨てた。

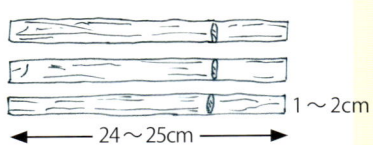

1〜2cm
← 24〜25cm →

◇ ヒ（樋）

シのハコ（清筥）ともよぶ。古代から上層で使われてきた便器。固定しないため、ポータブルとして使われた。

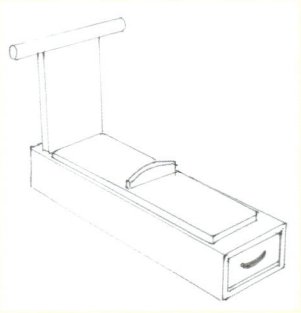

◇ 足駄

足駄は歯が高い下駄。用足しの時、足や着物の裾の汚れを防ぐために履いた。洗濯など水仕事の時にも履いた。

◇ 尿筒

携帯用の男性用小便器。和紙に漆を塗り皮で包んである。身分の高い人の場合はお供の者が腰にさげて歩いた。

（『信貴山縁起絵巻』　模本　国立国会図書館デジタルコレクション）

京都の町の便所

●**町家の共同便所** （『洛中洛外図屏風（歴博甲本）』 重要文化財 国立歴史民俗博物館蔵）

町家に囲まれた裏庭の塀際。石置板屋根で土壁で囲まれ、地面から少し上がった板床の中央に穴が開けてあり、金隠がついている。戸には中からの掛け金がついている。

●**路上の公衆便所** （『洛中洛外図屏風（歴博乙本）』 重要文化財 国立歴史民俗博物館蔵）

板屋根で土壁の建物だが、戸が描かれてない。金隠もない。輪番で便所掃除をしていたのか。

戦国時代

各家の便所

●**町家の便所　1室形式**（提供：福井県立一乗谷朝倉氏遺跡資料館）

朝倉氏の城下町、一乗谷では各家の裏庭の一角に汲み取り便所が設けられていた。地面に穴を掘り、周囲を石で積み重ねて囲い、便槽とし、床上は両側に板を渡しただけで、金隠はない。

●**町家の便所　2室形式**（提供：福井県立一乗谷朝倉氏遺跡資料館）

2室形式で、奥は床を張り、中央に穴を開け、金隠をつけ、開き戸がつく。手前は汲み取り口を兼ね、また小便も出来るように前にだけ板を渡し、扉はない。

●**武家屋敷の使用人便所**
（提供：福井県立一乗谷朝倉氏遺跡資料館）

使用人の住居のある一角に設けられた共同便所。床を張り、穴を開け、金隠をつけ、開き戸がつく閉鎖的な室と、汲み取り口を兼ね、小便時に乗る板を手前に渡した開放的な部分との組み合わせが、2室並んでいる。

●**戦国大名の便所**（復元：小泉和子　画：前潟由美子）

戦国大名には格式の高い立派な便所を設けた話が多く残っている。たとえば武田信玄の便所は六畳敷で、風呂場の縁の下から樋を使って余り湯を利用して糞尿を流す一種の水洗便所で、室内には香炉をおき、朝昼晩、家来が輪番で香りをたやさないようにしたという。

●監修・執筆者略歴

小泉和子（こいずみ・かずこ）　担当：Ⅳ、コラム

1933 年生まれ。東京都出身。工学博士・家具道具室内史学会会長・昭和のくらし博物館館長（東京都大田区）。重要文化財熊谷家住宅館長（島根県大田市）。
主な著書に、『家具と室内意匠の文化史』（法政大学出版局、1979 年）、『箪笥（ものと人間の文化史）』（法政大学出版局、1982 年）、『道具が語る生活史』（朝日新聞社、1989 年）、『室内と家具の歴史』（中央公論社、1995 年）、『家具』（東京堂出版、1995 年）、『昭和のくらし博物館』（河出書房新社、2000 年）、『西洋家具ものがたり』（河出書房新社、2005 年）、『「日本の住宅」という実験─風土をデザインした藤井厚二』（農山漁村文化協会、2008 年）などがある。

玉井哲雄（たまい・てつお）　担当：概説、Ⅰ、Ⅱ、Ⅲ

1947 年生まれ。兵庫県出身。東京大学工学部建築学科卒業。工学博士。千葉大学名誉教授。国立歴史民俗博物館名誉教授。専門は日本建築史・都市史。日本建築史学会、日本庭園学会、家具道具室内史学会などで活動。
主な著書に、『江戸町人地に関する研究』（近世風俗研究会、1977 年）、『江戸─失われた都市空間を読む』（平凡社、1986 年）、『図説日本建築の歴史─ 寺院・神社と住宅』（河出書房新社、2008 年）、編著『講座・日本技術の社会史 7　建築』（日本評論社、1983 年）、『アジアから見る日本都市史』（山川出版社、2013 年）などがある。

◎ 写真提供・協力（ページ掲載順、敬称略）

国立国会図書館／国立歴史民俗博物館／藤沢山清浄光寺／華頂山知恩院／京都国立博物館／岩手県教育委員会／関山中尊寺／医王山毛越寺／中西家〔中西立太〕／北山鹿苑寺／東山慈照寺／山口市教育委員会／野上隼夫／名古屋鉄道株式会社／豊興山妙喜庵／慧日山東福寺／龍宝山大徳寺／箱木家〔箱木家住宅〕／神戸市教育委員会／風猛山粉河寺／広島県立歴史博物館／防府天満宮／長松山本法寺／株式会社チューエツ／富山県教育委員会／曼殊院／大場修／大田区立郷土資料館／谷直樹／福井県立一乗谷朝倉氏遺跡資料館

◎ 参考文献

『絵巻物の建築を読む』（小泉和子　玉井哲雄　黒田日出男編、東京大学出版会、1996 年）
『風呂のはなし（物語ものの建築史）』（大場修著、鹿島出版会、1986 年）
『便所のはなし（物語ものの建築史）』（谷直樹　遠州敦子著、鹿島出版会、1986 年）

ビジュアル
日本の住まいの歴史　②中世（鎌倉時代〜戦国時代）

2019 年 7 月 5 日　初版 1 刷発行

監　修　小泉和子

著　者　家具道具室内史学会

執筆者　玉井哲雄　小泉和子

発行者　鈴木一行

発行所　株式会社 ゆまに書房

　　　　東京都千代田区内神田 2-7-6
　　　　郵便番号　101-0047
　　　　電話　03-5296-0491（代表）

印刷・製本　株式会社 シナノパブリッシングプレス

本文デザイン　高嶋良枝

ISBN978-4-8433-5486-5 C0639

落丁・乱丁本はお取替えします。

定価はカバーに表示してあります。